莊子的人生哲學

——瀟灑人生

《中國人生叢書》前言

中國聖賢是一個神聖的群體。他們是思想智慧的化身，道德行為的典範，進取成功的象徵。他們或者以自己的思想學說影響歷史，併構成民族性格與靈魂；或者他們本身即親身創造歷史，留下光照千秋的業績。

但歲月流轉，時代阻隔，語言亦發生文句變化。更不用說人生代代無窮已，歷來學問家詮釋演繹聖賢學說，形成衆多門戶相左的學派，同時又相應神化聖賢事跡。於是，聖賢便高居雲端，使常人可望不可及，只能奉為神明，頂禮膜拜。

然而，消除阻隔，融匯古今，天論學問思想，或者智勇功業，如此二者常常並不是分離的，且必然是人生的，為社會人生而存在的。這就是聖賢學說、智略、勇氣、運籌、奔走、苦鬥，成功的經驗，失敗的教訓，乃至道德文章，行為風範，也體現為一種切實的人生。因為聖者賢者也是人。

這是一種存在，無須多說甚麼。但存在對每一個人並不意味著親切，也不意味著自覺。我想聖賢人生與我們這些凡夫俗子的人生加以聯繫。聖賢本是一個凡夫俗子，經許多努力，經許多造就，才成其為聖者賢者的嗎？

當然還有一個重要方面，時世使然矣，這就是歷經漫漫千年的中古時代，又歷經憂患求索的百年近代，世界文化已在衝擊中國人的生存。該如何確立中國人的人生路，我總認為莫如了解中國聖賢人生，莫如將我們平凡的人生從聖賢人生與學說找到佐證，找到圭臬。所謂古人不見今時月，今月曾經照古人。正是由此理解，由此思忖，我嘗試編寫了《莊子的人生哲學》，問世以來即引起讀者的關注與歡迎。並且成為我組織一套《中國人生叢書》的直接引線。

我大致想好了，依然如《莊子的人生哲學》一樣，書寫聖賢人物。我還不揣簡陋，以我的《莊子的人生哲學》為範本，用一種隨筆的文體與筆調，古今結合，史論結合，聖賢人生與凡生結合，我還要求每一位作者對他所寫的聖賢人物，結合自己的人生閱歷對聖賢寫出獨特的人生體驗。我請了我的多位具卓越才識的朋友，他們都極熱心地加盟這套書的寫作，並至順利完成。

現在書將出版了，我需感謝我的朋友們，感謝出版社，希望更多的讀者喜歡他。

揚帆

一九九四年六月八日

目　錄

話說《莊子》

■莊子其人其書

莊子名周，宋國蒙邑（今河南商丘附近）人。《莊子》因人而名。莊子準確的生卒年還有待於考證，現在只能說個大概，約生於公元前三六九年（周烈王七年），逝世於公元前二八六年（周郝王二十九年），與孟子處同一時代，但年份稍後一些。

莊子一生沒當過什麼大官，在家鄉曾出任過管漆園的小吏，但沒做多久就離職了，原因不得而知。莊子家裡很窮，從《史記》記載和《莊子》中的某些片斷記述看得出來。比如他向監河侯借糧米度日，比如他穿著破舊的衣衫見魏王，都說明莊子的確很窮。

然而，莊子在世時，如果果眞想擺脫貧困，覓一份富貴，似乎也不費力。因爲他名氣大得很，他不僅有優秀的才學，更有爲人景仰的處世態度與爲人品格。正因爲這樣，楚王派人帶著厚禮，請他出任楚國宰相，說是想把楚國的事兒麻煩他，他推掉了。因此原因，莊子的達官貴人朋友還防範他，生怕他一出現，國王看上了，擠掉了自己的位置。一次莊子去梁國拜訪老朋友惠施，惠施急了，害怕自己的宰相位置不穩，就先下手爲強，全國範圍內大肆搜捕莊周。莊子後來嘲弄惠施說：「老鷹抓到一祇腐爛了的老鼠，高興得不得了，看見鳳凰飛過，趕緊捂起來。難道鳳凰也稀罕這腐臭的老鼠嗎？」

從這可以看出，莊子一生雖窮，雖不做官，在人們的心目中卻是德高望重，且本人活得十分瀟灑。

歷史上留下的莊子的資料大抵只是這些，但其思想卻完整地保留在《莊子》一書中，當時爲人推重，死後其影響也十分鉅大，上至帝王將相，下至普通讀書人，乃至爲僧爲道者。但《莊子》一書極具文學色彩，說理方式奇特，想像奇幻；加之它曾被奉爲道教經典《南華經》，道教徒給它以宗教解釋，比如東漢末年農民起義領袖張角就以《南華經》旨意，創立太平道，組織民衆。這就使得《莊子》有一種使常人難得領會的神秘性。另外，漢武帝以來，「獨尊儒術，羅黜百家」，莊子學說也被貶斥。到近現代，時事與文辭語義的隔膜，更使廣大讀者，尤其是青少年對莊子其人其書，如霧裏看山，，不知虛實。

在當今歷史背景下，弘揚民族文化成了國人走向世界的必要。同時，西方人在現代工業文明並未給人民帶來福音的嘆惋中，也開始向東方古老文明，如老莊孔孟等學說尋找人類心靈的出路，這也使筆者覺得有必要，從行爲學意義上，通俗地將《莊子》介紹給億萬讀者。

初衷如此，但引導讀者了解莊子哲學思想的核心，與於我們今天讀者的意義，卻是介紹的前提。

首先是「道」，它是莊子的哲學思想的核心。道，我理解，大約包含三個層次的內容，一是純形而上意義的，二是方法論意義的，三是行爲學意義的。第一個層次意義上的道，遠離人們的現實生存，虛玄浩渺，討論它是學問家們的事。第二、三層次意義上的道，直接關注人生，既說明人生，又具勸世宏旨，更有行爲學、交際學意義。正是著眼於後兩個層次的意義，結合現實中人們的爲人處世，我把莊子哲學中這兩個層次的內容演繹，闡發開來，獻諸讀者。而作爲一種哲學思想的完整體系，《莊子》對於我們今天讀者的意義是什麼呢？我想，脫落它那神秘的「道」的外衣，破譯其奇幻想像與古語的艱奧，還原於人生世事的觀照與思考，其意義大抵在四個方面：自然一體的認識；辯證開放的思維方式；貴眞全性的眞誠人格追求；做人風格上標舉瀟灑人生；使人儘量從勞心勞力的重負中解脫出來。下面分別談談。

■胸懷：自然一體

自然，既是人類生存的物質依託，對於每一個人它同時意味著一種處世態度。今天，衆多的人們已懂得人是自然的一部分，也承認人是自然的一部分，也就是說人們已認識到天人關係、物我關係，乃至社會的人與人關係是一種宇宙統一、自然一體的關係。如果說現代人透過科學實證、數量分析得出這一結論，使人毋庸置疑，那麼，莊子在兩千數百年前，以哲學家的睿智、穎悟，揭示天人、物我，尤其人與人之間的相依統一，呈現宇宙統一，自然結構不可打破的規律，那就實在是醍醐灌頂，讓人清醒了。

這首要是人類對自身心與力的把握與運用。天地爲屋，萬物爲鄰，鄰人遭殃滅門，人類在天地這個屋宇下也難過日子了。認識這一點固然很難，這就是天人合一，物我同一。但更重要的是對人與人的認識，人本身行爲的態度與方式。古往今來，許許多多的人們，爲一己之私，或爲一時意氣，或迷醉於身後聲名極工心計，損人利己，損公肥私，背信棄義，賣友求榮，認賊作父，爲虎作倀。如此，或可獲財利，或可成功名，甚至竊國爲王。但身心既爲渺小偏狹的功利驅使，甚而乾脆爲邪惡效命，互相效尤，這就必然使社會人心形成一種惡的膨脹，使人自身處在危險之中。

所以莊子強調自然一體的人際關係與人生態度。本來，世間萬事萬物，尤其於人事，總是你中有我，我中有你的。如果你不存在，我也就失去依賴生存發展的條件（《齊物論》）。所以說：人是人的世界。拔去一根頭髮，不會成爲禿頭，但每一根都拔去，必定成爲禿頭；失去一個敵人是好事，失去一個朋友也不算大損失，但每一個人都離自己而去，那麼整個天人關係、物我關係、人的世界就要發生災難性變故——生命必定失去世界。個人如此，社會集團如此，民族國家同樣如此。

所以，作爲一種生存與發展的胸懷，人生在世，激進鬥爭，強硬占有，本身並不是唯一的行爲方式與目的。自然一體，宇宙統一，這種人與生俱來的需要，常常規定人們溫和的期待，寬容的體諒，這種無爲更是明智的有爲。因爲保護了他人，造就了環境，自己也獲得了生存發展的舞台。

■眼光：辯證開放

在中國先秦諸子的學說中，最具辯證眼光當推老子、莊子與兵家，莊子又有較之儒家更多的開放性。

所謂辯證眼光，就是多方面看同一事物的方法。進中有退的成份，成功中有失敗的萌芽，生中有死，興中有衰，這就是辯證眼光的運用。它不是處事畏首畏尾，停滯不前，而是明智地揭示事物發展的必然規律：一事物在主要方面發展，次要方面也在發展，到了一定的時候，物極必反。知道這一規律並不是人的目的，重要的是在思想上、行爲上興而防衰，勝而防敗，得而防失，把握事變，變被動爲主動，這樣，人就可永遠立於不敗之地。

基於這種樸素的辯證眼光，莊子一針見血地指出包藏禍心的例子。比方說，爲了祭祀，牛被突然圈養，吃著好飼料。到了祭祀的日子，還披紅掛彩，吹吹打打，被推上祭場。那時的牛可謂榮耀之極。可是一轉眼，血染利刃，這時此牛即使潸然下淚，再想過吃草喝水拉車的日子也不可能了。如此看來，野鶴沒有固定的食物供養，它花許多辛苦才找到食物，但它卻靈魂自在，生命安全。

他關於人文上的格言警句尤其放射永恆的眞理光輝。如他說：大道是不可以稱說的，大辯無須言辭，大仁用不著做出慈愛的表示，最大的廉潔必然當仁不讓，最大的勇敢絕不表現出氣惡聲高的賭狠（《齊物論》）。知道這「大道」，便知人的感覺最難解釋與描述，像藝術作品創作與欣賞，像人的認識與心理的無限性。這絲毫不是說理論不重要，它可以指引方向，明確範圍，但更重要的是實踐，實踐中領悟認知天外有天。明白這「大辯」，便知語言的作用常常貧乏，事實勝於雄辯。社會常常出現冤屈，如歷史上吳王殺伍子胥，秦皇殺韓非，秦檜害岳飛。當時的受害者能申辯清白麼？但歷史一言不發，卻說清了人間所有是非曲直；或者，它只見於人心，不見於正史。同樣，於仁義，於廉潔，於勇敢，過分表現造作，必然是在弄虛作假。憑此可知人知事，亦可使自身善處。

辯證地看事物，全面、深刻，必然地有著向前看的開放性，所以，莊子辯證的眼光總是與開放眼光聯繫在一起的。黃河浩大，流到大海，方知自己渺小；井底之蛙，坐井觀天，怡然自得，海鱉告訴它大海的盛大，天空的無限，令它吃驚（《秋水》）。淺顯的寓言有著啓迪人心智的道理。個人的智能畢竟有限，即便聖賢；眞理是發展的，生活之樹常青。所以赤子之心不可棄，祖宗之法不可不變，聖人之言不可不修正，學生必然超過老師。因此，祖先、老師對後輩與學生總是「送君自其涯而返，君自此遠矣」（《山木》）！

正因此，人生、社會才有美好的未來。

■人的目的：貴眞全性

了解了莊子辯證開放的眼光與自然一體的胸懷，便不難理會莊子說：「至人無己，神人無功，聖人無名」（《逍遙遊》）了。

從社會發展看，沒有私心、功利，就沒有人類的進步，這是被歷史證明了的。但也正是這個私心、功利使人類文明陷入一種矛盾的境地。一方面它推動了人類文明發展，一方面它又使一些人喪失人性，傷害他人，破壞了社會的和平與人們的幸福。

莊子說無己、無功、無名，就是從人生本來意義上看待私心和功利的，集中強調的是：「貴眞全性」。這四個字強調五個層面的意思，首先是人的生命可愛且寶貴（《逍遙遊》），第二是降生人世的赤子之情（《天運》），第三是眞實地做人（《應帝王》），第四是養生之道（《養生主》），第五是道德修養（《德充符》）。這五個層面的意思，連貫表述爲：人生始於生命，於人世當常懷赤子之情，眞實地做人，注意養生，昇華道德，最後歸結於生命，表現人的貴性保眞的生生不息的生命進化運動。明白眞人的貴眞全性，便知人生無己即是最大限度地實現了自己，無功卻取得了大功，無名卻寫成了一個巨大的「人」字。

怎樣做到這樣呢？莊子認爲首先要破除私利對人的迷惑。因爲小利迷惑使人不辨東西，大欲迷惑就使人喪失本性，這樣，不是害己，就是害人，或者人己俱害（《駢拇》）。

所以莊子說，用不著賣弄小聰明去追求身外之物，在利害引誘面前，當明白事情本來的是非曲直，想想人生本來的情景。正確理解得志。得志不過是做事，有事做，身心安適地去做，既不是爲著獲取積萬累千的錢財，也不是爲著過眼雲煙的高官厚祿。生命是樂天的。如果因貪婪而不安，因得官而自危，那人生目的不是本末倒置了嗎（《繕性》）！

明白這一道理，便明白了世事人情的這一現象：大智若愚，大巧若拙；最聰明、最豁達的人常常心地閒逸；只有一點小聰明的人，卻總喜歡察顏觀色，見風轉舵（《齊物論》）。

明白這一事實容易。眞正做到貴眞全性，卻不容易。這裏重要的是心靈的「虛靜」，只有虛靜才能返本歸眞。因爲人總是與外物在一起，難免不利欲薰心，情性搖動。虛靜，外物紛擾就可悄然遠去，人性的天然光輝就會熠熠閃耀，照亮自己的心地，達到自我反省，人性的天然本質也就自然呈現出來（《庚桑楚》）。於是，眞實得到確認，天然性情不被污染，眞的人也就確立了。

應當說，由於人的歷史的漫長，人的心智的纖細，使人變得異常複雜，對此，莊子提出人的貴眞全性，不僅閃耀著永恆的思想光輝，也成爲人們正確把握自己的帶根本意義的命題。

■風格：瀟灑人生

風格：瀟灑人生，或許這是一個過分詩化了的命題，於人生也許太不負責任了。因爲，人要活著，要獲得衣食住行的條件，本身就不容易，更不要說做一番有益於世人的事業，瀟灑談何容易。踏踏實實，兢兢業業，隱忍負重，不說比瀟灑好得多，至少實在得多。於是，人生代代無窮已，人們也便循循相因地習慣了隱忍負重的生存風格。不過，人們又似乎清醒地不滿這種生存情景，在隱忍的另一方面，常常對二三摯友知心，促膝長嘆，借酒發洩，這似乎又是人生司空見慣的一幕情景。何況還有貪婪者爲著非份的占有欲又經受著另一種心靈重負呢？

因此，滿灑人生的處世風格，首先是對人身心勞苦的一種解脫，一種處世風格上的撥正，從人生的本來意義上，使人回到貴眞全性的眞人品格上來。

如此，莊子本人是否就是榜樣呢？

楚威王曾派人請他出山，說：「大王願拿我們國家的事麻煩您。」莊子卻對來人說，我聽說楚地有一隻神龜，死後被箱子盛著，用手巾包著，供在高堂之上。這神龜是願死後留下骨頭被燒香供拜，還是寧願自在地活著呢？答案無疑是後者（《秋水》）。

還有，某人得到了宋王獎的車，又得到秦王獎的車，這人便在莊子面前誇耀：我這人受竊的能力不行，但讓諸侯王獎賞我百十輛車焉，卻是我能幹的地方。莊子卻說：秦王讓人給他舔痔瘡，舔一下可得五輛車，舔的位置越低下，得車越多，你難道給秦王舔了痔瘡麼（《列御寇》）！

這樣看莊子不是太沒責任感，又太刻薄了麼？然而對那些沒有正常人格，整日只知投機鑽營的人，這樣不負責任與刻薄，或者說處世的瀟灑，不是是人性的正常表現，同時也是對一種純潔正直的社會風尙的形成的一種極富責任感的努力麼！

然而瀟灑人生，更重要的是要把人們從心造的籠子裏解救出來。莊子不慕富貴，不建功名，果眞如他自己所言那樣無爲嗎？不！果眞無爲，那就沒有《莊子》

一書傳世，也就沒有莊子在當時的聲望與後來的影響。所以，莊子的無爲只在說明，功名富貴的籠子可以拋棄，莊子的瀟灑，只在確認人本身的價值。

如此，莊子筆下伯昏無人的轉變則有著另一層發人深思的行爲意義。伯昏無人一次到外地去，路遇大學問家老子，他去見老子，老子卻不接待他。因爲伯昏無人名聲大，地位高，旅店的人都討好、逢迎他，給他讓坐，請他上坐，給他遞毛巾，敬得像尊神。伯昏無人知道老子不理他的原因，便下決心不讓自己的勢利壓得別人喘不過氣來。等伯昏無人去了南方，回來又路過這旅店，大家知道伯昏無人待人平易，不拿架子，於是和他共坐一條板凳，還隨和地和他聊天、開玩笑。這就是人際間的瀟灑與融洽。

是的，人生在世，生存尚且不易，生存之外又要背上人際關係、等級觀念、繁文縟節等重負，人爲什麼不想想，當初在同一聲赤子墜地的啼哭裏，大家不都是一樣的人麼?往後，爲什麼不能眞誠相見，開顏談笑，瀟灑一下呢?

莊子的瀟灑人生的風格，價值不正在這些方面嗎?

當然，莊子的話並非句句是眞理，他的許多處世技巧，蘊含著在黑暗的封建極權制度下一個知識份子痛切的人生體驗。這方面，既有對美好社會和完美人性的無限嚮往，也有許多庸俗的「活命哲學」的成份，這是讀者在閱讀過程中需要仔細鑑別的。

修養與詩人

1.自修與待人

個人的足跡所及畢竟有限，儘管有限，但還須憑藉足跡周圍廣大的地面才能邁向遠方；人類的知識可謂有限，雖然有限，但還須憑藉那未知的領域去認識無限的世界與真理。

要探求真理，就不可偏執一隅，也不可漫無邊際。

萬物紛紜，生長化育，古今不可替代，也不會污損。

一切事物的終極境界都是順應自然發展的結果；順應自然，事物變化的樞紐便找到了，太初的認識從此開始，認識自然，認識真理，也從此開始。

承認自己無知，然後才叫真知。

——莊子《徐無鬼》語譯

人生在世，實際只有兩件事：讓世界變得美好，讓人生變得美好。

要做好這兩件事，就要不斷加強自己的修養，善以待己，也能善以待人，在事業上是強者，在衆人的眼裏是個好人；明白世事人生的道理，也能正確對待自己的成敗得失；爲人處世，能大處著眼，也會小處著手。

要做到這樣，無論對自己還是對他人，都會遇到麻煩。因此，先要明白道理，其次是不要苛求。

■人性天光

自然之道本身安祥寧靜，有天然光芒照耀四方。天光普照，世界並無吉凶禍福。順時而動，則得福；背時而動，則得禍。如此，人們行動，不能不慎重，不能不明察。

無論人們的生活還是自然界的變化，絕大部分時候都是處在自然狀態之下的。這種狀態，最通常、最眞實，也最寶貴。在自然狀態中，人們自由自在，人，呈現出天然本質；物，也呈現出天然本性。人，假如能常守自然本性，便能外在態度安祥，內在精神平靜，有一種天德，也就成了生命自然的寵兒。於是，人敬人愛，外物也不傷不害。

一切都須學而知之。

學習，就知道有些道理是說不清楚的，也不必說淸楚。正如淸官難斷家務事。但時間可以把一切說淸楚。

應當明白：行事，只能行可行之事；辯論，只能辯可辯之理；智慧，就是在於發現不可勉強進入的地方，叫人止步。假如人們置這所有不顧，事物規律就叫你品嚐失敗的滋味。

假如修心養性，謹守規律，禍患仍不可避免，那就是天道的必然了。運去金成鐵，時來鐵是金。時來天地皆同力，運去乾坤不自由。如此，那不是人爲的過錯。然而，臨變不驚不亂，撼山易，撼我心中德性難。有修養的人，可貴的地方在於明察事理，臨危難而心性不變亂，自然處之。

沒吃苦中苦，練出眞功夫，就輕舉妄動的人，沒有不出偏差的；更惡劣的，在光天化日之下爲非作歹的，受制裁只是時候早晚的事。在陰暗角落裏爲非作歹的，受懲罰只是形式的事，決不會逃脫。

追求善良品性的人，決不會張揚名聲，夸夸其談。追求錢財名利的人，必定貪婪多占，嘴上說得極動聽。他一但得志，必定是小人上了台，兩膀架起來，趾高氣揚，尾巴翹起來打死人。

奴才一旦變成主人，就會比主人更主人。

積年累月和談論錢財貪婪的人在一起，錢財的引誘就越來越深。愛錢如命的人自身都不顧惜，絕不會顧惜別人。

只有光明正大之人才無愧於人世，才會半夜敲門心不驚，光明正大之人永遠不會成爲暴發戶，平安高尚一世，本身就是最大的富有。知道這一切，人生美好，其樂無窮。

■是非與取捨

是非與取捨並不是確定不變的。

送人生日蛋糕必定是完整的，以此爲是；拿出來吃，蛋糕必須切開，以破碎爲是，取捨也在其中了。

逛公園，風景區，必定以在湖光山色、亭台樓閣、曲徑甬道中徜徉留連爲是；但要方便，必定以去廁所爲是，這也是取捨的變化了。

這樣的取捨與人生並無意義，卻可啓發人思考人生，認識是非取捨轉化的意義。

視個人生存爲根本，把自己的心智見識做看事物的準繩，判斷是非的標準，把用世看作聰明，不被世用看作無能，把做事運道亨通看作光榮，把地位低下，生活窮困看作可恥。他們也奢談此是彼非，這是小麻雀、小學鳩一類人物的見識。

在大街上踩了陌生人的腳，一定要說聲對不起，但如果是踩了哥哥與父親的腳，只點個頭就完了，不必表示歉意，因爲知道他們必定原諒自己。所以，最大的禮節是不分彼此，最大的仁愛是不分親疏。

要明白是非取捨，一定要丟棄種種精神牽掛與干擾。

高貴、富有、顯赫、尊嚴、名聲、功利，是迷亂意志的六種甜藥。

容貌、舉動、顏色、義理、意氣、言辭，是束縛心靈的六種軟繩。

憎恨、情愛、欣喜、憤怒、哀傷、安樂，是麻醉人的六碗香湯。

去、來、貪、給、陰謀、末技，是阻礙眞理認識的六朵彩雲。

去掉這四六二十四項人生的誘惑，便會心懷坦蕩，神情平正，能保持正確的判斷，看穿一切，不以私欲爲是而取捨。

有智慧的人也有認識不到的事物與道理，正如視力最好的人視野也只有一個扇面，而不是一個圓周。明白種種迷惑與引誘，確保自然天性，相反相成，便會得到正當的是非取捨。

一飛鳥飛過天空，后羿一箭射下一隻小麻雀，他因獲得一隻小麻雀而高興，自以為做得對，但他把衆多的飛鳥嚇跑了。假如他把整個天下看作一個鳥籠子，不自恃射術，那麼滿天飛鳥，就沒有逃脫的地方。商湯王和秦穆公對賢人伊尹與百里奚的任用，採取的就是這種辦法。

伊尹與百里奚雖然賢能，但並不樂意接受強迫命令，也並不把高官厚祿放在眼裏。伊尹喜歡烹調，商湯王就讓廚師與伊尹交朋友，使伊尹安心住下。百里奚落入狄人手裏，狄人喜歡羊皮，百里奚自己也喜歡穿五色羊皮裘，秦穆公就投其所好，使百里奚樂意為自己服務。由於籠絡得好，伊尹幫商湯王建立了商朝，百里奚幫秦穆公稱霸天下。

這又是為人處世是非取捨，極富啓示意義的一例。

■不可苛求

聰明反被聰明誤，有兩種誤法。

一種是自以為聰明能幹，遇事不在乎，不慎重，總要想出些花花點子，自信得很。到後來才發現，點子是好，但不切實際，終於是事情弄得一團糟。許多聰明的年輕人都有這毛病。

一種是賢能的人，做事能力很強，看問題既看得準，也看得透，人也踏實。這種人可以說確實是人才。但這種人作一般人，不擔任重要職務確實如此，並且他不擔任重要職務也確實是一種人才的浪費。但這種人一擔任重要職務毛病就出來了。他不是工作做不好，而是希望做得好上加好；不是工作不認眞，而是工作太認眞，釘是釘，鉚是鉚，並且也要求人家也像他一樣；他絕不華而不實；並且他也要他的手下人也像他一樣有能力，講實效；他對事情的成果不是適可而止，而是要像他自己做事的態度要求做得好上加好；為了工作，他批評下級不是點到為止，而是細緻、深入而又嚴厲，並且反覆強調。這樣，他想把事情辦好，人們也理解他，但人們在感情上卻怎麼也不願與他合作。下屬們覺得他是個好人，卻對他只想敬而遠之。這就是賢者以己之能，苛求他人的錯誤。

齊國的賢士鮑叔牙就因為自己有這種聰明自誤，吃了不少虧。管仲也因此，認為他不可挑大樑。

當時齊國的情況緊急，宰相管仲重病在床，齊桓公做什麼事兒都沒一個可信賴、可商量的人，他心裏覺得鮑叔牙很有才幹，卻又拿不定主意，他很著急地問管仲：

「仲父的病已不輕，我還能不說什麼嗎！要是到了您病危不治，那時，齊國我將拜託給誰呢？

管仲也很關心，「您想託付給誰呢？」

桓公說：「鮑叔牙。」

管仲說：「鮑叔牙不合適。他爲人很好，也很廉潔。但他對那些不如自己的人，便不願去接近、交往。他一旦知道誰有過錯，便牢記心上，總不能原諒人家。如果讓他治國，他一定是個忠誠正直之臣，但同時，在是非曲折之時，他也一定會同君主蠻幹的，絕不會婉轉周圓。對下級也必定會看得很清楚、很透徹，同時，要求也會很苛刻瑣碎。這樣，他向上會很容易得罪君主，在下級心中也沒有好印象。如果您把事物委託給他，他這方面毛病您會很快就發現的。」

「那可以託付給誰呢？」

管仲答，硬是要我說，那隰朋還可以。他這個人爲人，在上不想和君主鬧翻，對待下級，也能容納不同於自己、比自己差的人的言行。君主如果趕不上前代聖明帝王，他能認爲這是自己沒有輔佐好，別人不及他，他也能理解和體諒。

事實總是這樣的，能用美好的道德、善良的行爲感化別人的人，就是聖人；能用財物救濟窮困之中的人，就是賢人。認爲自己有超人的才能而盛氣凌人的人，是不可能得人心的；有很高的聲望，卻又能謙虛待人的人，沒有不得人心的。

會處理人事的人，應當學會有些事不管，眞正明白人事的人，應當知道有些話完全可以不聽。因爲這些事、這些話，不聽不管比又聽又管效果好得多。隰朋對國政、對家事，有時就是視而不見，聽而不聞，這樣事情好辦，別人也擁護他。

人的事情就是這樣的！

■勸人不必語高深

人人都會說話。話兒要說得活泛、管用多難！

魏王的大臣女商帶隱士徐無鬼去見魏王，魏王便神氣地說：「先生一定是山野的生活太苦太累了吧，所以希望得到我的接見慰問。」

徐無鬼覺得魏王無知可笑，他說：「正相反，我正是來慰問大王的。您有什麼向我慰問呢？您想滿足欲望、嗜好，那身心就要受到損害；您要是抑制好惡，停止嗜欲，感官又會痛苦。所以我來慰問您！」

魏王被點到疼處，說不出話來。

看到氣氛有些緊張，徐無鬼立即換個話題，說他會相狗，但相馬的水準又比相狗的水準高得多。

一聽說徐無鬼會相馬，魏王就叫他細細地說說。徐無鬼就說，中原的好馬，身上平直的地方就像木板，彎的地方像秤鈎，方正的部位像框子角，滾圓的部位就像圓球。但中原的好馬又趕不上天下的好馬。天下的好馬，有天生的好身材、好體格，跑起來像飛一樣，從來不知道勞累，好像根本不知道需要休息。

聽徐無鬼吹這一陣牛皮，魏王喜得哈哈大笑，親切之感，油然而生。

徐無鬼同魏王談話出門，女商就問：

「先生用什麼高深的道理勸說我們的君主呢？我勸說他，談禮義，我就用「詩」「書」「樂」「禮」上的道理去引導他；談權謀變化之術，我就用太公兵法「金版」「六弢」上的道理去說服他。這些書上寫的奉事君主而且效果極好的話語多得不得了，可是我們大王就是不聽。先生可以談談您的辦法嗎？」

徐無鬼說，「我就只告訴他我會給狗和馬看相。」

女商不信：「就這樣簡單麼？」

徐無鬼說，就這樣簡單，你沒見那被流放到很遠地方的人，他們離鄉才幾天，碰到了自己熟識的人，就高興不過。離開故土十天半月的人，在外見著了在家鄉見過面的人就很高興。到離別故鄉常年累月的時候，只要是碰到故鄉人就很高興。這就是離開故鄉親友越久，故舊之情就越濃的人之常情。

再說那流竄到荒無人煙的山谷與原野上的人，往來小路上只有野兔與山鸛與他作伴，時間長了，他能聽到人的腳步聲，就會驚喜異常，更何況能看到他的兄弟師友在他面前談笑風生呢？

身爲王侯，權勢嚇人，規矩繁多，時間久了，誰敢在他面前說說笑笑呢！眞的才可貴，人的心情總是相通的。

2.平安是福

努力契合內心品德的，行為不露名跡；努力追求身外物欲的，興趣便貪婪多占。行為不留名跡，雖屬平常卻有異彩；志趣貪婪多占的，只是一般商賈行徑……與外物相伴到底，外物的誘惑力就會潛移默化。視外物同性命，不惜自己，怎麼能愛惜別人呢！不顧別人的人會衆叛親離，衆叛親離的人會自絕於所有人。致人於死地，最厲害的是一顆惡毒的心，鋒利的寶劍算什麼？外敵侵犯，最厲害的是陰陽二氣，天地萬物，沒有什麼能逃脫它的侵害。而急於功名利祿之人，也必陰陽失調，這不是陰陽之害，而是自戕

——莊子《庚桑楚》語譯

人生有許多需要。身居貧賤的人，希望得到好多錢，希望有受人敬重的地位，這是處處都有的人的需要。有才有志的人，希望自己能創一番轟轟烈烈的大事業，

這叫事業心。年輕的男女碰到心愛的人，便朝思暮想在一起，並會因之害起相思病來……

人生的需要可謂說不完，道不盡，而誰得到的越多，該是福份越大了。然而，得到了還要人守住它。如果不顧三長兩短瞎闖，或者天有不測風雲，突然飛來橫禍，這樣，無限榮華，前程似錦，也就變成什麼都沒有了。

所以，平安是福，是最大的福份。有人才有世界。身外之物如雲煙，平安才是無價寶。

■鳥不厭天高，魚不厭海深

對於人生，尤其是那些有才智的人，一生最大的樂事莫過於事業成功，受人愛戴，受人尊崇。果眞如此，功成名就，聲譽鵲起，於自己就可能忘乎所以，目空一切；於他人，就會把成功者奉爲神明。如此，可怕的事情就會到來。

老子的學生庚桑楚，就是深深地了解這一點，所以才隱居壘山，讓自己僕人中愛炫耀自己智慧的人辭去，讓侍妾中標榜仁惠的回家。他自己只和那些純樸遲鈍的人一起耕作與生活。

但儘管如此，麻煩事還是出現了。

庚桑楚才安家三年，畏壘這個地方便連年獲得大豐收。這樣一來，畏壘的人民便議論說：庚桑楚這傢伙初來時，我們還很擔心他不是自己人。按他指點的去做，我們從早晚的近利看，沒什麼明顯的差別，可是從全年的收入來計算，看很清楚，已經是家家有餘了。庚桑楚處世這樣英明，差不多算是一個聖人了！我們這些人爲什麼不念著他名字，爲他祈禱，建立廟宇爲他燒香祝壽呢？

畏壘人民的這一願望已經街談巷議了，傳到庚桑楚耳中，他便慌張著急了。只是他的學生覺得老師的表現奇怪。

庚桑楚便敎導說，這有什麼值得奇怪的呢？你們沒看到，春天一到，萬草生長，百花齊放；到了秋天，經過整整一個夏的孕育，果實自然成熟，這是自然變化的結果啊！我們都知道，道德最高尙的人，並不要求指揮什麼；而老百姓也習慣於悠游自得，不想去追隨誰。現在，畏壘的百姓們卻要把我放進聖賢的行列，歌頌我，瞻仰我。這使我想到「功成事遂，而百姓皆謂我自然」這句話，我因此不安。

學生們說，可不能這樣想。幾丈寬的小水溝，大魚轉不過身來，小魚在其中卻可游得很歡暢；幾尺高的小山包，獅虎猛獸沒有藏身的地方，但妖狐覺得這地方挺好。再說敬重賢者，授位能人，推崇善行，讚揚美好，古來如此，何況畏壘的人呢？老師就讓他們去吧！

庚桑楚說，可不能這樣說！能把一輛車含在口中的巨獸，離開山林，就不免受到網羅的禍害；能把一條船吞下去的大魚，落到陸地上，螞蟻也能侵害它。所以，爲了生活平安，從來就是：鳥不厭天高，魚不厭水深。重視保全形體生命的人，總希望深入地隱姓埋名。

你們不知道，一標舉賢能就會導致人們傾軋爭吵，一任用智巧就會導致欺詐陷害。對利益追求過分賣力，兒子會因此不認識老子，臣子會因此造反殺君，白天打家劫舍，晚上穿牆打洞。可以斷言，縱容私人謀利，千世之後，必定會出現人吃人的現象！

■出頭椽子先爛

人們總想表現自己，使人家知道自己，看重自己。成績差的小學生，被老師叫去拿一把掃帚、搬一個板凳，便高興得很，榮耀得很。在碼頭上做了幾十年的碼頭工，某日壯著膽子與一位副科長握了一次手，便覺得光采得不得了，似乎一輩子也算出了一次頭，見了大人物。

這類表現不算什麼，也絕算不了出頭。如果人們有智慧、有才能和有熱情，想出人頭地，想在萬千大衆之中露露臉，風光風光，那可就要千萬注意時機，不要忘了自己的平安。

俗話中勸人愼重表現自己的話語意味深長——

出頭椽子先爛。

木秀於林，風必摧之。

槍打出頭鳥。

是非由於多開口，煩惱總爲強出頭。

說的都是出頭兒，冒尖者的危險。無論人才優秀，無論衝動冒失露頭角，無論幼稚單純，輕率入世，無論被動地被推到台面上，都可能有喪失生存安全的結局。所以，人不必對一切都望而生畏，裹足不前；然而，大潮來時，大風起處，必須三思而後行。爲了虛榮，平常人丟一點面子，受一點小羞辱，無傷元氣，尙足可惜。豪傑英雄，不諳世情，草率行事，望鋒頭上碰，未免遺憾終生。

吳王箭射靈猴，正說明這種盲目者的命運。

吳王乘船在長江中遊玩，登上獼猴山。原來聚在一起戲耍的獼猴，看到吳王前呼後擁地來了，立即一哄而散，躲到深林與荆棘叢中去了。

但有一隻獼猴，想在吳王面前賣弄靈巧，它在地上得意地旋轉，旋轉夠了，又縱身到樹上，攀援騰蕩。吳王看了不舒服，就展弓搭箭射它，它能從容地撥開射來的利箭，又敏捷地把箭接住。吳王臉都氣紅了，命令左右一齊動手，箭如風卷，獼猴無可脫逃，立即被射死。

吳王回頭對他的友人說，這靈猴誇耀自己的聰明，倚仗自己的敏捷傲視本王，以至丟了性命。要引此爲戒呀！可不要用你們的意態聲色驕人傲世啊！

吳王的朋友深爲震動，回去立即拜賢人爲師，努力克服意氣神態上的缺點，生活儉樸，人們稱讚他。過了三年，國人都稱讚他。

■兎死狗烹

前人的經驗告訴人們：風一吹過，河水就會有所損耗；太陽一照射，河水又會減少。反轉來，風和太陽一起不停地吹曬河水，而河水卻絲毫沒有減少。

爲什麼呢？

賴有源頭活水來！

所以，天地之間，萬事萬物要想平安地存在下去，必有自己確定不移的條件。水流要靠土地、山丘四周圍繞，它才能滙集在一起，成爲水池，成爲大湖，成爲大海。影子要依附於一件實物，也還要有光線才能存在。實物不存，陽光不照，影子也就沒了。

這就是此物必須依附彼物才能存在的道理。

一個人的生存、發展，也必須依賴特定的條件。這種條件轉變了，消失了，個人也必須轉變自己生活的方式，尋找新的生存條件。如果條件變了，過去生存、發展的條件不復存在，個人仍固步自封，那危險就來了。

范蠡與文種這兩個人的結局就是這一道理正反兩方面的例子。

吳王夫差大舉攻越，越王國破，越王勾踐都城被占，可憐帶著三千戰士退守在會稽山上。吳國大軍席卷，勾踐螳臂擋車，滅頂之災就在眼前。這時只有大臣文種能救勾踐，他出使吳軍，利用關係，讓吳王答應保全勾踐的性命與越國百姓的安全。後來，文種又同范蠡幫助勾踐領兵消滅吳國，使吳王夫差自殺。

可是越王勾踐是一個只能與人共患難，不能與人共富貴的人，他功業成就必定要殺死功臣。范蠡看準了這一點，深知原來生存、發展的條件，隨著越王勾踐的大功告成，已變成自己死期不遠的條件。於是他領著美女西施，坐著小木船悄悄地走了，臨行他給文種留下一封信。他說：

「飛鳥盡，良弓藏；狡兔死，走狗烹；敵國破，謀臣亡。越王長頸鳥喙，不可與共安樂。子何不去？」

然而，文種還是不走，只是向越王請病假，不再上朝問政事，以為我不管事還不讓我平安？但很快有人陷害文種，說他想造反，越王立即命令他自殺。這時，文種後悔不聽范蠡的勸告，已經來不及了。

能做一番大事業，卻最後不能保全自身。一生有說不盡的英雄，臨死也有說不出的遺憾！

■不該要的不要

楚昭王被伍子胥打垮，國亡了，王位也丟了，倉惶出逃。宰羊店的老板屠羊說也跟著昭王出逃。

昭王回國復任後，獎賞隨同逃難的人，鼓勵忠誠之士，屠羊說是受賞名單上的一員。

屠羊說覺得不妥當，「大王失去國家，我也失去了殺羊的營生。大王回來，我又重操舊業，生意仍舊紅火，爲什麼要獎勵我呢？」

昭王知道屠羊說的意見，便吩咐手下人，強迫屠羊說接受賞賜。

屠羊說談心裡話說，大王亡國失位，我沒有失職的過錯，要罰，罰不到我的頭上；大王返國復位，我沒有出主意出力氣，行賞，也賞不到我的頭上。

昭王聽到報告，便下令說：「我要接見他！」

屠羊說接到通知，據理申辯說：「楚國的法制規定，一定要是建立有大功勛的人才能被大王接見。可見我智謀不足以考慮國家大事，勇武不能夠驅除入境敵寇。伍子胥攻陷郢都時，我害怕兵禍而跟隨大王逃難，卻並不是想護衛大王。今天，大王要無視法制規定，打破常規接見我，這不是我希望發生的事。」

來人又將屠羊說的申辯轉告楚昭王，昭王非常感動，對大臣們說：「屠羊說地位很低，但見識深刻，你們可以替我傳話，請他出任三公的職位。」

屠羊說依舊反對。他說：「我很清楚，做官做到三公也就到頂了，比我整日裡守著宰羊店不知高貴到那裡去。那優厚的薪水，比我靠殺幾頭羊賺幾個辛苦錢，也不知豐厚多少。然而君主妄發旨令，我要接受就是貪圖榮華富貴，彼此都壞了名聲，並且這樣後患大得很！我是不能接受三公職位的，還是在我的宰羊店心安理得！」

誰不想功名成就，又有多少人做著一覺醒來便有榮華富貴享不盡的好運到來的美夢？

然而，突然飛來的幸運，叫你莫名其妙地欣喜，必然包含突然飛來的橫禍，同樣叫你莫名其妙的優傷。

無論因力氣，因才德，辛苦得來才叫人心裡踏實，日子才感到平安！

3.所需少，所依多

積累萬千土堆便形成崇山峻嶺，匯集無數溪流便形成長江黃河；大智大慧的人對各色人等的意見兼收並蓄，才可認識真理。

採納善言，是從外進入內心的，內心雖有主見卻不固執一己成見；提出主張，是從內心作用他人的，雖自認正確卻不拒絕他人不同意見。

安危互相更換，禍福交替出現；有緩就有急，有長壽就有早夭，生死聚散也便形成。

矛盾充滿時空，此起彼伏，物極則反，終而復始。

——莊子《則陽》語譯

大地，一望無涯。
長天，碧空萬里。

人群，綠女紅男，萬萬千千。

你的位置在哪裡？你的朋友，你的知音在哪裡？

……

■所需少，所依多

天空萬里，不要認為對人無用；大地無涯，不要說對自己的腳實在多餘。學問衆多並且深奧而厚實，不要認為那和自己隔得遠，用不上。天上芸芸衆生，熙來攘往，不要認為於己無益，得罪幾個不要緊，交結是多餘的，和幾個哥兒們抱緊就行了。

不！如果無用的太多，有用的也靠不住。

做人，應該得無用的妙用與大用，懂得無用才算說得上知道什麼是有用。

天與地，固然不能不說是很廣大，每個人要占用的面積確實不過是立足之地而已。如果因為這樣，人只在小塊地上站好，卻把立足之外的廣大地方都挖到黃泉以下，那剩下讓人立足的地方還讓人站得穩嗎？

莊子曾向惠子問這個道理。惠子坦率地說，那人立足的小小地塊也不能有用了。

莊子便說：「如此說來，看上去似乎沒用的東西，實際用處大得很！」不必那麼偏執、孤高，對每一個善良的男女投以平和的微笑。不要認爲他不如你，就看不起他；不要認爲她不穩重，就迴避她；不要認爲某人老邁就因之不重視；也不要認爲某人年輕，就不把他放在眼裡。對高貴者，不要敬而遠之；對富有者，不要眼紅得不屑一顧。這樣做，當時當地，對自己都沒有什麼用。但時日遷延，自己會感到自己處處是朋友，事業會左右逢源。

不要認爲知識無用，知道自己本行當的東西就行了。見識不廣，必然認識不深刻。路旁的枯樹莵，對行人沒什麼用，但誰要跌倒了，卻可以扶著它站起身來。水井的井壁是一個垂直向下的圓筒，打井時掘開幾丈寬的地面，最終還需塡實。但地面不開挖得很寬，井就深不下去，就取不出深埋在地下的泉水。對眞理的探求，對學問的深思，也是如此。因此，處處留心皆學問，書到用時方恨少。

所以，對於深知人生與學問之道的人，必深知：人，所必需的確實很少，然而，要滿足人之所需，人所依靠的必定很多！

■謙虛

強中自有強中手，山外青山樓外樓。

迎合他人，強裝笑臉，自己屈心抑志，憋得慌，在一旁看的人，也覺得難受得很。

而高傲的人，完全按自己的主意行事，與人相交合則留，不合則去。比自己強的人不接近，比自己差的人不遷就，自己的心靈也很寂寞，也感到壓抑。

哪裡趕得上抱著一種自然的態度與人相處。比自己強的人，謙虛地和他相處；比自己差的人，也謙虛地和他相處；把功利放在一邊，把評價放在一邊。何況功利與評價並不是一成不變的呢？

謙虛自然地與人相處，別人舒服，自己也舒服，該多好！

謙虛不是抬高了別人，也不是踩低了自己。謙虛恰恰是一種能容忍他人的能力。謙虛正是一種成功者的胸懷。

陽子居這天往南方的徐州去，恰巧碰到老子向西去秦國的地方。郊外相逢，陽子居自以爲有學問，態度傲慢，老子便爲陽子居深感惋惜，當面批評陽子居：「以前我還認爲你是個可以成大器的人，現在看來不可教誨啦。」

陽子居聽了老子的話心裡很不舒服，後悔自己爲什麼當時那樣。老子也很失望。

回到旅店後，陽子居覺得自己應當做得自然一些，起碼要敬重長者，敬重有道德學問的老先生。便主動給老子拿梳洗的工具，脫下鞋子放在門外，然後膝行到老子面前，謙虛地說：

「學生剛才想請教老師，老師要行路沒有空閒，因此不便說話。現在老師有空了，請您指教我的過失。」

老子說：

想想看，你態度那麼傲慢，表情那樣莊嚴，一舉一動又如此矜持造作，眼睛裡什麼都沒有，這樣，將來誰和你相處呢？人，沒有他人圍繞著你，行嗎。應該懂得：最潔白的東西好像總有些污穢的感覺，德行最高尚的人，總認爲自己遠不十全十美，學問雖了解了，在許多方面他是不行的。知道自己不行，你才知道自己眞正行的地方；眼睛裡只看到自己行，實際上，你哪個地方都不明白。

陽子居先是吃驚，漸漸地臉上浮現慚愧的神色，謙虛地說：「老師的教導使我明白了眞正的道理。」

開始陽子居去徐州的路上，旅舍客人恭敬地迎送他。他住店時，男老板爲他擺座位，女老板爲他送手巾，大家也給他讓座。雖然恭敬，彼此都不舒服。接受老子教誨後，陽子居態度隨和，爲人謙遜。歸途住店，客人都隨意地和他交談，他也感到和大家相處得很親切。

■救人須救急

莊子家裡常常窮得揭不開鍋，一次，又斷炊了，莊子便去找當地富戶監河侯借糧食。

監河侯很爽利地答應了，「行！等過些日子我把封邑的租子收回來了，我將給你三百金的糧米，可以嗎？」

莊子聽了非常生氣，臉一沉，又心平氣和地對監河侯講了一個故事——

我昨天從家裡來時，在路上聽到一陣呼救的聲音。我循著聲音傳來的方向去找，看見車輪輾出的一道糟子裡有一條鯽魚正困在那裡喘息。

我問小鯽魚：「小鯽魚呀，你幹嘛落到這兒來了呢？」

小鯽魚回答說：「我是東海龍王的巡視海浪的官員，希望你救救我，只要幾升水我就有命了。」

我說：「好啊，我馬上到南方去游說吳王和越王，叫他們發動民工，掘土挖渠，把西江的水引來迎接你，你看怎麼樣？」

小鯽魚立即氣憤地拉下臉說：「我並不要很多水，一點點水來得及時，我就可以活命，像你這樣延遲，還不如趁早到賣乾魚的攤子上去找我！」

人家正口乾舌燥，奉上一杯清水，勝過九天甘露。

大雨過後，天放晴了，再給送傘，已沒有意義。

人家喝醉了，再給人敬酒，未免虛情假意！

急難急救，方見眞情！

■莫作虛名的俘虜

人間最難得的是眞實。眞的刀子也比虛情假意好。

眞實的東西，令人信服，卻不能使人陶醉。虛假的東西使人痛恨，卻又不能使人拒絕。人事就是這樣。

做大事業的人，總要拉大旗作虎皮，以招徠群衆。明知這大旗不過是空洞惑人的神靈，但是卻不能丟開。

初入情場的少女，迷戀的就是男人的甜言蜜語，家產地位，男人的心性、能耐怎樣倒並不十分注意。只要別人投入豔羨的眼光，或親友說幾句不痛不癢的恭維話，便飄飄然了。等到磨成粉，做成粑，珠聯璧合變成了一朵鮮花插在牛糞上，清白紅顏已被當初虛名葬送爲殘花敗柳了。

美醜是生來的模樣，最初的相識最清晰的是美醜印象，時間長了，實在的意義就只有這個人本身的價値了。不要盲目羨慕，不要盲目模仿。自己是以自己的特點存在於社會上，盲目地否定自己仿效他人，自己便不成爲自己了。

西施很美，病了，心口疼，捂著胸，皺著眉頭，越顯得楚楚動人。東施長得不美，任其自然，仍然有女人的一種美。但她羨慕西施長得美，發現西施病時的神態更媚人，便也學著皺著眉頭，捂著胸口。東施更醜了。

出身與職業是受生來的條件限制的。不要以出身低賤而自卑，也不可以職業取捨人才，人才就是人才本身。

商湯發現他的車夫，他的看門人登恆很有才，就讓他做自己的輔佐大臣，儘管別人一再說登恆如何地位低下，說起來名聲不好聽，商湯一律充耳不聞。他認眞向登恆學習，一點也不把登恆曾經是個不起眼的奴才這事兒放在心上，於是商湯水到渠成地學到登恆的治國之道。以後商湯提拔登恆當了商朝的輔助，登恆並不把輔助的頭銜放在心上，也無心居功師法，因此商湯這二人務實不務虛，所以能在歷史上功名兩顯。

這就是，不計算日子才能忘掉歲月，能做到無私忘我，才能做到無欲忘利。做女人更不要爲虛名所俘虜。按正常的原則去選擇，去做人。如果硬是有流言蜚語，讓人家去說罷，根深不怕風搖動，樹正何愁月影斜。

■人生知己難得

認眞的做事，自然地做人；不要奢望，不要苛求。

人是有感情的，人是有個性的。因而，人的世界多姿多彩。世界總會接受你的，不是每一個地方都接受你，這個特定的地方，要你自己去找，去碰。

不是每一個漂亮的女人，每個男人都愛；不是每一個醜陋的男人，每個女人都不愛。奇蹟總會發生的，但不會重覆。這要看口味是否對上了，機緣是否碰上了。事情也常常是：過了這一村，就沒了這一店。因此，人生得一知己足矣！

因此，鍾子期死了，伯牙不再彈琴。因爲不再有人能站在他面前，對著他悠揚、激越的琴聲，說「志在高山」「志在流水」了。

因此，莊子在惠子的墓前講了一個流傳千古的詼諧的故事——

那是莊子又一次去給朋友送葬，經過惠子的墓地，他不禁回過頭來對跟隨的人說：「講件事兒你們聽聽，好不好？」

大家靜聽著——

有個泥水匠，他的鼻尖上沾上了一點白灰，這點白灰薄得就像蒼蠅的翅膀。這樣一點白灰在鼻尖上雖不礙什麼事，卻也不怎麼雅觀。泥水匠就叫他的好友木工師傅匠石替他把白灰削去。

匠石很高興地答應了，說話間便提起斧頭，用力揮起，呼地一陣風響，泥水匠站著一動不動讓匠石吹削，斧頭刃口過去，鼻尖上的白灰盡數去削，鼻子卻完好無損，泥水匠依然若無其事地站在那兒，臉未變色，心也沒狂跳。

宋國的居主聽說有這樣奇事兒，便召見匠石，說：「請試著爲我表演一次。」

匠石回答道：「我確實能用斧頎砍掉鼻子上的白灰。雖是這樣，但我所砍削白灰的那個朋友已離開人世，所以現在我無能爲力了。」

莊子講到這裡，長嘆一聲說：「自從惠施老先生過世以後，再就沒有能和我一起深談的人了。」

知此，當知摯友知心可貴！

4.有本才有末

無所作為，天下萬物供你使用，盡可綽綽有餘；有所作為，那就為天下人所用，總是不能滿足。所以，古時候的人特別看重無為這種處世方法。

天不出產，而萬物自然化育；地不生長，而萬物自然昌盛；王者無為，而天下自然成功。

所以，沒有什麼比天更有神通，沒有什麼比地更加富有，沒有什麼比無為的帝王更為偉大。

——莊子《天道》語譯

莊子論說天道、無爲，實際上更關心人道、有爲，更關注人們去獲取成功。那就是順應自然規律，不可蠻幹，不要固執，要有隨機應變的靈活性。

因爲，做人做事，規律不可改變，環境不可超越，所以，在實際行動中，總是要著眼大處，立足實處。

發展自己固然十分重要，而保全自己卻是發展自己的前提，所以，總要明白許多大道。

■同心同德

古時候，帝王是天下最尊貴的人，在民主社會裡，主權分散給每一個公民，也就是人人平等，人人都是帝王。這樣，莊子當初論帝王大道的話，對民主時代的人，意義就更普遍。

另外，現代社會，帝王消滅了，經濟開放活化，各種經濟實體又造就了許多「帝王」，他們有一個獨立的單位，外交內務，上下協調，諸多法則都可從莊子學說中找到。

莊子說，帝王的德政與事業，以順應天地變化爲最根本的宗旨，以堅持良知道德爲主體，以不做什麼而能獲得成功爲準則。要不做什麼勞民傷財的事，節儉用度，天下人財物，儘供使用只會綽綽有餘。要是總想做些什麼，或者還有些想入非非的東西，人民受苦不說，自己也總是會感覺天不從人願，或天下人財物供不應求，自己也總是心力交瘁。總之，時時捉襟見肘，處處計窮力拙。

所以，古時候人總是把那無爲作爲成功的辦法。

如果在上的無爲，在下的也無爲，這就是上下同德。上下同德，相處便和諧，社會便安定，上與下的那種過分拘泥的禮節與界限，便消除了。

在上面管理的人，權力下達，必須遵循無爲的原則使用屬下人財物，在下面處於被從屬地位的人們，必須有所作爲，努力實現民衆的願望，這是一條不能更改的道理。

古時的領導術是，領導者即使他的智慧包羅天地，也從不自行謀慮。他的言論可以辨析一切疑難，也絕不輕易開口。他的技術對天下事無所不能，也絕不輕易表現、炫耀。

自己不動心思，下屬則可充分發揮聰明才智，自己不開口，下屬就少顧慮；自己不動手，下屬就不感到礙手礙腳。這就像天地化育萬物的道理一樣，天不出產，而萬物自然化育，地不生長，而萬物自然旺盛。

所以，現代人領導一個單位，駕御自己屬下的人群，也是這個道理。

■本末

本末是人立身處世的大問題。

一個人有本末的問題。領導一群人同樣有本末問題。何況一個單位、一個國家。

何為本?無為是本。這是對人說的,一個平平安安的人,對於做任何事來說都是本錢。

何為末?有所行動便是末。末是行動。所以末無論如何不能傷害本,不能以犧牲本來實現。

本在上,末在下,其重要性如此。

對個人來講,本以末來實現,末卻不得丟掉本。所以,離家出門,安全第一,實現行動目的第二。所以現代交通要道大書特書:「為了您和他人的幸福,注意安全!」「安全正點萬里行」這是對開車人的要求。「高高興興上班,平平安安回家」「祝您平安歸來!」「祝君一路順風!」這是對旅行者的祝願。其所寓道理:保本!

對於社會整體，本末問題更爲重要。

一個單位，或一個國家，就事務講，主上的務宜簡要，提綱挈領，到下面基層，事情便肯定繁瑣起來。

一個領導者，要把握本，首先是國民平安，再就是事業興旺，百業繁榮，人民幸福。

然而末又是必然存在的。因爲有本必然有末。領導者也必須明白與駕御它，駕御好它，本得到保障，末則可保護本，發展本。

對於社會國家，必須注意五末出現：

軍隊與武器的運用，戰爭爆發，這是道德、政治之末。

施行刑法，使人恐懼，以勸善懲惡，這是敎化之末。

講求禮儀形式，處處依據名義規定來檢點事實行爲，既詳盡又苛細，這是最差勁的管理之道。

大興鐘鼓音樂，講究外表氣派美觀；有意製造氣氛，粉飾昇平，這是喪亂的開始，和平之末。

哭哭啼啼，披麻戴孝，喪葬有規格，喪服有等級，這是哀悼之末。

五末如此，不可以不慎重，儘可能不使之出現，或者限制在最低限度。

■名實

名實，就是名義與事實的問題。世上所有的事物無不有名實的關係。所以明白名實，循名責實是一條很重要的處世之道。

比如個人身份與實際，比如刑罰與實際罪行，比如言論與實事，都是名實關係。懂得這一關係，人立足實際，就不會爲虛名所連累。同時，爲名所害的人也可依靠實事獲得平安。比如受人冤枉的人，回到實事，所有的污水就會被洗刷。

然而，一個有大智慧的人總不止做到這樣，或者從根本明了大道的人，則總是更關心做到自然無爲。做到自然無爲，便凡事不會勉強，也不會無事生非。

所以古時候了解無爲之道的人總要經過幾番推導，才能說出名實，總要經過多番論證才會去談論賞罰。一開口就大談名實，那就是不懂得名實的根本；一下子就奢談賞罰，那就是不懂賞罰的東西。

說實在的，顚倒是非，違背事物本來規律的人，不過是要別人來教導與統治的對象，怎麼能統治他人，管理事務！不知事物先後順，一下子就大談名實賞罰，這只是懂得些玩弄權術的把戲，並不懂得管理之道的根本目的。這種人只配爲別人所用，卻不可使用別人。

眞正懂名實的人，應是以無爲爲本，再輔以良知道德。有了良知道德，仁義又是次要的了。明白仁義，職分又是次要的。明白職分，任務又變得不言自明了。明白任務，爲完成任務而省察事實，順理成章。知道省察，是非迎刃而解。是非解決，賞罰也跟著明確了。賞罰明確了，就可使賢愚各得其所，貴賤各就其位，所有評價都合乎事實。

懂得這種名實關係，和判定是非與賞罰的人，他從事領導管理工作，屬下可以平安無事、和平共處，事業可以興旺發達，萬事亨通。而作爲個人的處世之道，也可使自己身心安適，到處都是笑臉。

■良　知

良知，對於人總是一種根本的品質。它要求人公平、正直、富於同情心。

莊子卻說：不！

這話怎麼說呢？

從前舜帝問堯帝：「在人的領導上面，作天子的應當怎麼做？」

堯帝說，不怠慢、欺侮那些生活上無依無靠的人，不拋棄那些有才華卻又無法施展抱負的人，向死者致哀，多鼓勵、褒獎年輕人，同情體恤婦女，這是我作爲天子的用心與做法。

舜說這樣做好是好，但還不能算是偉大。

堯很吃驚。因爲他覺得自己做到這樣，夠了不起的了，就問：「那你說該怎麼辦呢？」

舜說，要是天子的用心，能像天一樣自然渾成，像地一樣生息寧靜，像日月光華普照，像一年四季運轉，那一切便都會像晝夜一樣有常規，像雲霞浮動、雨水降落一樣自然。

堯不免感嘆說，看來是自己自作多情，這樣反倒擾攘，生出了事端，還是配合上天爲好，應付人事總是有惹不盡的麻煩。

所以莊子說，天地是最偉大、最美好的。它隱藏著最完好的德性。所以，做人，無論做一個領導者，還是作一個普通人，激發良知，先要有天德，了解天德。這乃是自然而然。

社會人生，不能不要良知，也絕不可缺少良知。但良知僅僅是良知，加進自作多情，許多社會事端則由此引發。照顧張三，沒照顧到李四，這是一種遺憾。抬舉弱者，實際壓抑了常人。何況引進了其他功利目的。

社會常常樹立典型，然而典型一樹立，良知往往被扭曲。老師老是表揚一個好學生，漸漸便形成偏心，感情取代了良知。

哪裡趕得上像天地雨露哺育萬物一樣無私，又無所不在、無所不包好呢？

5. 禍福一根藤

四季遞轉，總是有始有終，周而復始；人世滄桑，變化無常就像捉迷藏。禍福變化，難以預測，但也有大致規律可循：困厄艱難的環境總是向順利如意的方向轉化。如果各懷私心奔各自的目標，認為自己必定得手，往往就會有栽跟斗、碰壁的時候。

成敗毀譽的事，誰能定準？

熱衷於物欲，心火會一天天旺盛；以利害為懷，難免傷損中和之氣。這樣，內心清澈的月光必為身外利益遮掩，日久天長，形神俱傷。

——莊子《則陽》《外物》語譯

老子說：禍兮福所倚，福兮禍所伏。禍福總是拴在一起的，禍中藏著走向福的種子，福中也有禍的萌芽。

俗話又說：禍福無門，唯人自取。

禍福固然無定，有時人們防不勝防。然而，禍福既然是人的禍福，人能自取，爲什麼不能有所取捨，有所去就呢？

■切莫得利忘害

中暑了的人，擋不住盛夏的酷熱，多想天邊吹來冬日的寒風。受凍的人，又多懷念秋日的涼爽；又多嚮往春天的和暖！被債主逼得走投無路的人，誰不想突然通神，有點石成金之術，變窮困爲富豪！

然而，利益，來必有因，去必有故。不明不白地受益，也必稀里糊塗地受害。

因此，列子窮困潦倒，臉上出現飢餓的顏色，但絕不接受鄭國宰相子陽贈送的糧米。

因爲，列子知道自己並沒有和子陽打過交道，子陽爲什麼給自己送糧食？還不是聽他手下的說：「列子是個賢人，他就在您治理的國家裡，他現在連飯都沒的吃。這樣，您豈不成了不愛賢才的宰相嗎？

子陽是爲了自己獲得好名聲而給列子送吃的東西，並非眞正受惜賢才。

列子謝絕了子陽送的糧米，列子的妻子深深嘆息。她埋怨說：

「只聽說有道德有才學的人的老婆子女，都能過上快樂安逸的日。可是你，把我們一家子都養得只有皮包骨頭了。當權的宰相既然已派人來慰問，又送糧米給我們，你爲什麼偏偏不接受呢？你自己不要緊，難道身家性命也不要？」

列子笑著向妻子解釋道，宰相並不是眞正了解我，只不過聽別人講我，他才叫人給我送糧食。現在救濟我是如此，如果一天有人在他面前說我的壞話，他必然依別人的隻言片語來加罪於我，這怎麼行呢？這就是我不接受糧食的理由。」

原來子陽爲官，確實爲所欲爲，不久老百姓起來反抗，殺死了子陽。列子雖然窮困，依舊平安，道德學問依舊芳名遠揚。

■發展是為了生存

爭必須是應爭的，得必定是應得的。

保全根本，才能求得未來發展。而捨命求利則是愚人所爲。

韓、魏二國爭奪邊境土地，魏國勢力強大，堅持不讓；韓國雖弱，也勢所必爭。

韓國的賢人華子拜見國君主昭僖侯，昭僖侯正爲這事在費心思。

華子對昭僖侯說，假如事情是這樣的，天下的人都在您面前發誓訂立協議，協議規定：左手去拿協議書的人，將砍去其右手；右手去拿協議書的人，將奪去其左手。但取得了協議書的人就必然天下歸他。如果這樣，大王願意去拿這份協議書嗎？

昭僖侯說：「那樣，我可不要那協議書了。」

華子說：「這就很好了！也就是說保全雙臂比擁有王位與天下重要。韓國的重要又比天下差多了，爭奪邊境又比保守韓國本土差多了，您爲何捨本逐末呢？」

昭僖侯遂明白，保守好韓國，使其富強，不要說邊境，就是魏國的首都大梁也歸自己所有。

然而，捨本逐末是貪婪者的共性。

用石子作彈丸去打鳥，是無本而利。用鐵丸做彈丸去打鳥，便是將本求利。用銅丸去打鳥便奢侈了，至於用銀丸、金丸去打鳥的，那就沒有了。如果還有用和氏璧、隨侯珠這樣的稀世之寶去打鳥的，則一定被人斥責爲瘋子。

然而，貪官污吏會用比和氏璧、隨侯珠貴重得多的東西作爲賭注去斂財取利。爲官作吏，本來其金錢收入就比平民百姓多得多，但貪得無厭，置民心國法於不顧，榨取民衆，扒竊國庫，化公爲私。最後，法紀不容，身敗名裂。這是拿生命作彈丸，去獲射蠅頭小利。

須知，發展是爲了生存，有生存才有發展。捨命求利，利將歸誰？

所以，勤勞者安，不貪者富。

■心服勝口服

一發出聲音，就有音樂的旋律，一開口說話就句句是眞理，一舉手一投足，就成爲世人的規範。可能嗎？

動不動就把利害是非擺到人的面前，然後，評定是非好壞，人有那麼簡單嗎？這樣，讓人唯唯諾諾，不過要人口服罷了。

假若領導一群人，帶領大伙兒辦成一件事，遇到麻煩時，採取心服的辦法，不違逆人情去強詞奪理，也不依仗權勢脅迫就範。有理，大家會逐漸接受，不對也會從容認識，不致造成巨大損失。

這就是，人們接受一種道理，轉變一種看法，總是自然而然的。人和社會上的事情也有自然而然的一面。強迫衆人口服，迫於強大壓力，嘴裡說是，心裡卻早已說了不是；腳下跟強迫者走十步，心裡早向相反的方向走了百步。到頭來還是要壞事的。

所以，凡是是非的事，人們信不信、服不服，都得慢慢來。對人有一個目標，對己也有一個要求，不妨有計劃，限定時間。然而，計劃是死的，人是活的；計劃把時間分成階段而切斷，人的生命卻像流水一樣延續，不能切斷。服與不服不能口說了算，只能看其爲人。

老子打兒子，是因爲兒子做錯了，要兒子服罰，兒子低頭認錯。不是兒子眞的認錯，因爲是父親逼迫，或者是兒子打不贏老子，否則，他絕不低頭服罰。但總有一天兒子會覺得自己當初荒唐，兒子眞的進步了，心服了。是哪一天進步、心服的，既不是按老子的計劃實現的，兒子自己也記不得，說不清。自然而然而已。

知道人口服常常靠不住，心服要慢慢來；所以與人交往，有理不在聲高，事實勝於雄辯，委委道來勝過言詞激烈、咄咄逼人。而有些事理，說不如不說好，乾脆任其火燒牛皮自轉彎。

■眞不足，假來湊

適可而止，量力而行，不期望能力不及的事情。

三思而行，留有餘地，腳踩在實地上就可以應付意想不到的事變。

領導一個團體，率領一群民衆，奔向一個大目標，當頭領不妨這樣做——成功了，把業績歸功於部下；失敗了，把錯誤的擔子都挑起來。把正當有理的方面，都歸結於群衆，把謬誤失當的方面，都歸結到自己身上。

只要哪個地方，某個局部出了紕漏，或經濟損失，或人員傷亡，就須冷靜下來檢討自己，其次才是調查直接原因。

事實上卻不是這樣，領導者習慣於把眞實意圖隱藏起來，指責部下與群衆沒見識；不爲群衆著想，好大喜功，私下加大工作量，加大工作難度，力不能及怪罪部下不見義勇爲，發奮工作。

任務不量力而下達，處罰也就不實事求是。

目標太遠大，還要大家拍手叫好，甚至還要群衆歌功頌德。民衆智能、氣力用盡，也不能實現頭領的目標，爲了向頭領交差，就只有弄虛作假，謊報功績。

上下級關係靠謊言來維持，人心也就變得稀奇古怪。但是處在管理位置的人，喜歡發佈荒誕虛假的命令，民衆怎能不依樣畫葫蘆，也弄虛作假呢？這就叫以毒攻毒。

力量不夠就做假，智慧不夠就欺騙，財物不足就盜竊。虛僞竊詐之風由誰興起的呢？

在上位的人放一步，在下爲民衆的就會放十步；肩負衆望的人心中邪惡一點，到民間就會歪風陣陣。

如此事業成一半垮一半，人們明白了善，也知道以惡報善。

■得道樂天

應該明白，人生究竟是爲了什麼。

無才無德，無功無業，高官厚祿，無限富貴，不過過眼雲煙。

一時聲名，趨炎附勢，可暫時顯達，也不過曇花一現。

保持自然德性，做一個眞實的人，便是事理通達，心平氣和。這是一個等次，是自然的人。

生命本應是樂天的、無欲的，爲民衆建功，爲奉行大道而立德，這是最高的等次，是得道的人。

曾子從孔子學道，明白世事人情，於是安貧樂業。後來明白自然大道，便又把用盡心智追求功名榮祿不放在心上，整天樂呵呵的。

當他在衛國家居的時候，已經窮得一塌糊塗了。他的臉已顯出浮腫的病色，手腳因勞作而磨出厚厚的老繭。他的被絮已經破得像魚網，灶台已三天沒冒煙了。已經十年沒有添新衣，帽子扶一下，帽帶子便會斷，拉扯一下衣襟，手肘就露出來了，穿鞋子用力稍大，後跟就會綳開。

但曾子毫不憂慮，衣服仍穿得整整齊齊，頭髮扎得清清爽爽，束髮的帛帶在風中飄蕩，瀟灑極了。他深情吟唱著《詩經》中的民歌，雄渾高亢的聲音充滿天地之間，就像金石一類樂器奏出的聲音一樣鏗鏘響亮。

天子請他去作官，他婉言謝絕。天子也不敢以君臣之禮委屈他。諸侯仰慕他的才德，紛紛上門結爲朋友，又自慚形穢，怕被曾子看不起自己行爲太做作，心靈太複雜。

所以，人生天地之間，必然出現如下情景：修養意志的人，就會忘記形骸；保養形體的人，就會遺忘功利；得道樂天的人，就會忘記苦心竭志的苦惱。

智者處世

1.大聰明與小聰明

有大聰明的人，胸懷曠達，表面上無所作為；只有一點小聰明的人，卻喜歡觀風色，見利忘義，無孔不入。

有一點小聰明的人，談大道理，則氣焰囂張，壓迫得別人受不了，說具體事，則囉哩囉嗦，喋喋不休。

他們在睡覺時老是在作夢，因為白天老在打人家的主意，晚上便神經錯亂；醒來的時候，由於精神疲勞，形體就像散了一樣。

他們沉醉於種種損人利己的行徑，並自以為是，他們無望恢復天然性情。

——莊子《齊物論》語譯

■大聰明與小聰明

日常生活中，常常看到這種現象：

一些很有學問、修養，心裡明白的人，表面卻像個白痴，既不與人勾心鬥角，也不用心計算。正由於這樣，一些無知的人反倒取笑他，背後議論他，並自以爲聰明得計。

莊子解釋說，這很正常。爲什麼呢？

有大智慧、大聰明的人，胸懷坦蕩，胸襟豁達，明白大道理，身邊瑣事一目了然，用不着處處用心，或者爲了一點雞毛蒜皮小事，去斤斤計較。因此，有大智慧、大聰明的人，心中總像很安逸，行爲也總是很超脫。這好像就是「絕聖棄知」。

只有一點小聰明的人卻正好相反。他們喜歡察顏觀色，見縫插針，無孔不入。這種人要是談大道理，便氣勢洶洶、咄咄逼人；談具體事，便婆婆媽媽、叨叨絮絮，沒完沒了。他要是和別人打上交道老是糾纏不清。然而，他長於勾心鬥角，雞蛋裡可以挑出骨頭，沒事也可以找出是非來。

也有的人善於僞裝，見人一口笑，一副慈眉善目；有的當面很熱情，很義氣，背後卻在設陷阱，下決心陷害朋友；有的則把心思埋得不露蛛絲馬迹讓人覺得他高深莫測。

這樣人，表面上像很厲害，但內心裡實際很虛弱。遇上小的風波，他就惴惴不安，因爲他心目中只有自己那耿耿於懷的私利。碰上大危險，他便感覺自己完蛋了，或犧牲朋友以自保，或者神思恍惚，一點主張都沒有。

形勢一有利，他們就很猖狂。他們發動進攻時，就像利箭一樣迅速、猛烈。因爲，他們時刻都在窺伺別人的紕漏，以求得滿足自己的進攻慾與征服慾，並因之使自己獲得好處，證明自己聰明、有辦法。

他們要留神什麼時，就像發過誓一樣，咬緊牙關，三緘其口。實際上他們是在等待時機，以便在合適的時候進攻他人。

■天下小人心

他們始終不會明白自己的愚蠢、昏聵。

不過，小人似乎注定只能是小人。因爲他們勾心鬥角，殺氣騰騰，像嚴酷的冬天一樣無情；自以爲得意、聰明，實際上他們不過是一天接一天地扼殺人的天性，一天天迅速地走向死亡。他們就像喝醉了酒一樣，醉得像一灘泥；反而更理直氣壯地說自己沒醉，說心裡更明白。想他們恢復人的天然性情，實在是不可能的了。

他們的心死硬僵化，就像是被鐵水澆鑄的一樣。這說明，這些玩弄小聰明的人，實在是糊塗得不可救藥了。他們的一生就像一場夢，到死也不會醒來。因此，他們的生命永遠缺乏一種天然自在的生機。

他們反覆無常，俗話說：易漲易退山溪水，易反易覆小人心。在心理情緒上，他們時而歡喜，時而憤怒，時而悲哀，時而快樂。或者憂心忡忡，有時又嗟傷不已，驚恐萬狀；要不扭捏作態，嘻皮笑臉，要不縱慾放任，無所顧忌。

誰都知道有聲的音樂，是從無聲的樂器中發出的；濕熱無形的蒸氣卻能長成有形的蘑菇與菌類。小聰明的諸種情態，天天在我們面前出現，無窮無盡，我們卻沒辦法找出它的根由。再說他們也是人，弄得清楚嗎？

弄不清是正常的，弄得清楚反倒不正常。模糊才是世界的眞面目。世界上事物的構成之理就是這樣的。

沒有小聰明的種種用心、鑽營造作，大明的坦蕩、自然就失去了存在的依據，所以，沒有小聰明也就沒有大聰明、大智慧。

■大智若愚，大巧若拙

硬要弄清這種大聰明與小聰明的形成，仔細推究起來，實在也只能歸之於造物主之所爲。當然，這也只是推想，而一方面人們關於本身之探究永遠沒有窮盡和停止。關於形成人的種種情態的原因之探求，雖然找不出確實的、又看得見摸得着的原因，但這種探求的行爲對事實到底無所影響與損害。

空洞的東西永遠只是空洞，與事實不相依屬。

不過有一點卻很明確：人從造物主那裡得到自己的一身，生命來到世界上，有了形體，就不應參與人世上勾心鬥角、相互傾軋的爭鬥，並在這種爭鬥與傾軋中完結自己一生。如果人們任其與外物互相戕害、互相折磨，任其如脫繮的野馬一樣走向生命的盡頭，而沒有辦法制止下來，這樣，生命不是太可悲了嗎？

人生，終身勞苦奔波，卻看不見有什麼成功；一輩子疲憊困頓，卻不知道自己的歸宿，這還不悲哀嗎？人們說：小人不會因爲心眼壞而早死的，但這又有什麼益處。形體逐步衰弱老化，心也一樣，人生的不幸便在其中。明白這一點，大智慧、大聰明之人猶如天生的白痴，那小聰明、小智慧才眞是一口永遠照不亮的大黑洞。如此大智慧、大聰明不過是人們常說的：大智若愚、大巧若拙！

就說爲人做事吧。

每個人都要按自己的成見去辦事，並且以這種成見爲師；那麼，哪一個人又沒有這種老師呢！如果已有既定的成見，是非早已規定，那麼，論人論事就像出遠門一樣，今天才動身，而昨天已到達目的地了。

這樣就是：無成了有，成見代替了現實。但這種道理誰能承認呢？

所以，大聰明之人必順乎自然之情勢，內心虛靜，排除欲念與是非成見，無爲中便有人生更有作爲的積極成效。

2. 與惡人相處

一個人即使道德純厚、行為誠實，也未必可投合他人的口味；名聲好，聲譽巨大，與他人沒有矛盾，也不一定可以溝通別人的思想感情。

強行把仁義道德一套道理在惡人面前說長道短，這樣做無異於藉別人的罪過來標榜自己的美德，這就叫做害人。害人之人，反過來就會被人害。（聰明的人不能不了解這世故人情。）

一切蠱惑人心、閃爍其辭的做法，都是聖人要設法排除的。聖人決不輕率地把事情託付於庸人，這就是明察與知人。

——莊子《人間世》《齊物論》語譯

見人說人話，見鬼說鬼話，人們都不加思索地指責這種做法，說這樣的人虛僞，道德不好。但是爲人處世，哪一個人又不有些隨機應變的靈活機智呢？所以，人們批評是一回事，但或多或少運用這種做人技巧又是另一回事。

但有沒有比這種變色龍式的做人技巧更高明的技巧呢？孔子曾向顏回談了這個問題。

■知可為而為

那天顏回拜見孔子，向他辭行，說要到衛國去。

孔子問：「到衛國去幹什麼？」

顏回說：「我聽說衛國的君主，年輕專橫，驅趕老百姓賣命，死去的人就像枯草塡滿了山澤。人民無可奈何，他自己卻不知過失。先生曾說，安定的國家我們就離開它，危亂的國家我們就留下來，這就像醫生見了病人，不能不管一樣。因此，我想侍候在衛君左右，幫助他，也許衛國還有救吧！」

「只怕你一去就會被殺害。」孔子說了一番道理。

世上的道理不能混雜，混雜了就會頭緒多，頭緒多就容易出亂子，出亂子就必然引起憂患，憂患到來時想要自救也來不及了。

古時候的至人，處世爲人總是先察問自己，然後再考慮別人。假如考察自己的工夫還沒有做到家，哪還有閒工夫顧及殘暴的人所作所爲呢！

再說，人們應當明白，道德爲什麼扭曲失落，智慧又爲什麼鋒芒畢露，充滿殺機。

道德的失落歪曲，是爲了爭名聲。智慧的濫用是爲了爭取勝利。爭名奪利就互相傾軋，這樣，道德就會被當作旗幟揮舞，智慧便成爲爭鬥的工具。二者都是害人的凶器，是不可以隨便實行的。

況且，一個人既是道德高尙，言行樸實，也未必能投合別人的意趣；名聲好，與人沒有利害衝突，也未必能與別人溝通思想。

既然如此，明知人家殘暴凶惡，卻大肆談論仁義道德，這不是藉別人過失與罪惡來顯示自己的美德麼？這對自己是賣弄、炫耀，對人是害人，糟蹋人。

害人的人，別人一定會反過來害它。

假如衛國君主眞是喜愛賢能之士的人，那他必然厭惡、鄙棄不肖的行爲，哪裡還用得着別人再去指導、要求他呢？

■惡人必有惡人扶

孔子還說：只要惡人註定作惡，並且繼續作惡，那他前後左右也必定是一些作惡的歹人。在這樣的情況下，去規勸衛國君主，只要規勸的人一開口，不需衛君言動，他手下的王公大臣就會群起攻擊規勸者，拿自己的辯才來困擾規勸者，來和規勸者爭鬥。

由於爭鬥，規勸者眼睛迷糊起來，臉色平和下來，嘴裡就喃喃不已，表情就會恭恭敬敬，更加尊禮守法。內心明知衛君不對，明知衛君的王公大臣在為虎作倀，因寡不敵衆，也只好妥協了。

這樣的結果，就是以火救火，以水救水。這就是惡性循環，越救越糟糕。開頭尚且如此，以後便沒完沒了。最後的結果是，勸說者因規勸不見效果，便反覆勸說，這樣弄煩了惡人，惡性發作，規勸者就難逃刑戳了。關龍逄和比干這兩人就是先例。

關龍逄和比干都是大賢臣。夏桀因痛恨關龍逄，關龍逄便被斬首。商紂王厭棄比干不斷阻止他作惡，比干便被商紂王挖心剖腹。

關龍逢與比干身遭橫禍，就是因爲道德名聲。因爲道德名聲，以下級的身份去干擾國君的百姓，又以這種身份與理由去違抗國君的旨意。所以，國君便不顧他們的道德修養殺害他們。

孔子說：「儘管這樣，你還是說說你的想法，讓我聽聽。」

「要是我容貌端莊，說話謙虛，做事兢兢業業，一心一意，這樣可以麼？」

「這怎麼行呢？」

惡人並不認爲自己殘暴，言談舉動自有自己一番道理。他飛揚跋扈，又喜怒無常，自以爲這是自己的陽剛之美。一般人不敢違抗他的旨意，他也便藉此壓抑別人善言忠告，以求得自己的稱心如意。

惡人天天拿小恩小惠去感染他也無濟於事，天天拿仁義道德大道理去開導他，更是適得其反。

既然這樣，規勸者固執己見，內心裡一再批評，而嘴裡卻不敢說一個「不」字，那於事情有什麼好處？

顏回說，那就只有做到內心正直無私，外表依順曲從，講現成話，模仿古人。這樣有赤子之心，與衆人爲伍，人家也不會從我身上挑毛病。但我的言行中仍有諷諫意義，像這樣，可以不？

孔子說還是不行。

指正別人的條條框框總是很多的。但這樣做雖然是一個辦法，平庸了一些，倒也可以免罪。事情只能做到這一步，那感化別人就不可能了。這樣，顏回也就是一個想當然、自以爲是的人了。

■靜可制動，靜可制惡

顏回便請教孔子，授給他更好的辦法。

孔子說：「虔誠齋戒，我來說給你聽。什麼事，只要用心去做便不容易。認爲事情容易做，本身就不合做好事情的道理。」

顏回說：「我家很窮，沒酒喝，沒葷腥吃的日子，已有幾個月了，這樣可算是齋戒了吧？」

孔子說這只算是祭祀的齋戒，不是心齋。

心齋是專心一意，凡是不動感覺，不用心神，只用氣去感受。比如，耳朵的作用，止於聆聽外界的事物；心的作用止於適應周圍的環境。氣，虛靜空明，適應萬物。只有眞正了解世界萬事萬物規律的人，才能達到這種虛靜空明的境界。

顏回恍然大悟：「以前我沒有找到通向心齋的道路，實際是因爲一切從我出發。無我，這就是虛靜空明吧？」

孔子說：對了！去衛國切莫插足要害部門，不要爲虛名所動，在規矩之中盡可悠閒自在。能聽進你的勸說，你就說，聽不進就住嘴。可以在那百事不管的部門裡工作，任何事不得已就應付一下。這樣也就差不多了。

一個人走路不留腳印很容易，要不在地上走就難了，爲人情所驅使，行爲容易作假；爲自然所推動，就難以作假。鳥有翅才能飛，沒有羽翼就不能飛。

心神能虛靜，就會生出智慧的光輝，種種吉祥就會產生。假如心神躁動，人雖坐着，心已像匹野馬在亂跑。

讓感官向內傳達訊息，排除種種雜念，靈感、智慧產生出來，一切惡劣環境都可駕御，何況對付一個惡人呢！

3. 身處險境，如何自保

凡相交，鄰近的人一定要靠信用來維持關係；遠方的朋友，就需靠書信言語來傳達衷情善意。

要是雙方高興，就一定有許多好上加好的話；要是雙方發脾氣了，就一定有許多壞上加壞的話。

凡是過頭話都近乎荒誕。

傳話的人若是加進了荒誕的話，說話的雙方便漸漸起疑心。一起疑心，那傳話人就要遭殃了。

傳達符合常情的話，不要傳達過頭話，這樣，也許可以保全自己。

——莊子《人間世》語譯

■不露哀樂之情則安

楚國的葉縣縣官子高，被楚王派往齊國去辦事。

子高問孔子：「大王這次派我出使齊國，關係重大。齊國接待使者，大概表面會很熱情，很禮貌，但要他辦事恐怕就不那麼積極了。一個普通人尚且不能因別人而輕易改變自己的主意，何況諸侯呢？想到這裡，我就非常害怕。」

您經常告訴我說：「凡事無論大小，很少有人事成不高興，事敗不煩惱的。可是我，事情若不成功，就一定會受到大王的處罰；事情要是成功了，一時激動，歡樂的情緒又會傷害身體，染上陰陽失調的病。總之，事成或不成，都是我的禍患。為避免這種禍患，您還是教我一些辦法吧！」

孔子說天下有兩樁大法，一是天然，一是義理。

兒女敬愛父母這是天然的，根本不能從內心解除，臣子侍奉君主，這是遵從義理。普天之下，無論哪裡，都不能沒有君主，也不會有逃避君主統治的地方。這兩條是為人處世所必須遵循的根本大法。

侍奉父母，要是能在任何情況下，都能使父母安然無恙，這便是行孝到家了。

侍候君主，能不管在任何環境下，都使君主太平無事，便算盡忠到頂了。

個人的修養、哀樂之情做到不在人前流露；明知無可奈何，卻也能安之若素，便算涵養德性到了家。

■風險由於強出頭

一個身為下級的人，本來就有些不得已去做的事情。只要按實際情況去辦，忘卻自身的一切，儘管去辦就是了。

還有一種情況，憑智慧心機爭鬥的人開始來明的，到後來就來暗的；到最後急於求勝時，就詭計多端。

合作的事情，開始總能互相信任，往往到後來就互相欺詐了。事情開頭簡單，待到了要完成的時候，肯定就越來越艱難了。

人們說話，就像刮風起浪一樣，時起時伏，人們做事也必然有得有失。刮風起浪，水面動蕩不已；行為得失就容易引發危險。

有的人忿怒，並不是別的原因，往往是花言巧語，說話一邊倒引起的。

野獸臨死時亂吼亂叫，還會產生吃人的念頭。任何事情都一樣，如果要求苛刻瑣細，別人受不了，就會使壞主意對付你，而你自己還不知道別人爲什麼這樣。過程中這些可能的情況你都沒想到，那誰還知道結局呢？

常言說：不要改變上級的命令，不要勉強求得成功，說話處世，超過了限度，就意味着加油添醋。改變命令，勉強取勝，就會給行動帶來危險。

一件好事要能辦成功，在於長期的努力。

一件壞事要是出現了，即使後悔也來不及了。

順着事情的自然規律，讓心境悠游自適，一切事情都在不得不做的情況下去做，絕不要無事找事地主動去做，使心靈始終保持虛靜，這就是最佳狀態了。

沒有必要勞力傷神，總想把事辦得讓人刮目相看。這樣出使傳達君主的話，也就複述一遍，這有什麼困難呢？災殃又會從哪裡來？

能做事，達到目的即可，不必節外生枝、畫蛇添足，人我兩安，這正是辦事的最好辦法。

把握自己是如此，面臨凶殘無比的人又怎樣呢？

■以正壓邪，可以自保

凶殘的人，你縱容他即無法無天，危害國家社會；你約束他，他就懷恨在心，必然報復，傷害賢良。他的智慧足以知道別人的過錯，卻不知道自己罪惡累累。如此之人，如何對付呢？

莊子說：要提防，要小心。首先自己行爲要端正。外貌不妨平易可親，內心做到隨和活絡。但這樣做依然會招來禍患。親近可不能太深入，隨和也不能太顯眼。親近深入，惡人毀滅，你也跟着毀滅。內心隨和太顯眼，他看出來了，你也就禍在旦夕。好的辦法是，他像個小孩，你便也做個小孩，如果他不講威儀，跟你不分彼此，你也不跟他分界限；如果他無拘無束，你也就跟他一樣無所約束。這樣跟他厮混，使他漸漸變惡向善。

你知道螳臂擋車嗎？可愛的小螳螂，英雄得很，自認自己力量能舉鼎，竟敢奮臂阻擋迅猛奔來的大車。死得可憐！老是誇耀自己的長處、美德，教訓別人，醜化別人，自找横禍，這和螳臂擋車有什麼不同？

■順其自然，可馭險惡

飼養老虎的人，不敢拿活的生物給老虎吃，因爲老虎殺生時就惱怒；同時，也不敢拿大塊大塊的食物餵它，因爲它撕裂時就會發威。所以養虎人，要能照料老虎，就要熟悉它喜怒的習性。

老虎不同於人，卻能馴服於飼養的人，那是因爲養虎人順着它的習性去做；老虎傷人，則是因爲違背了它的習性。

即使是溫順和善的馬也一樣。

愛馬的人用竹筐去接糞，用大蚌殼去接馬尿。但碰上有蚊虻成群地叮咬在馬身上，如果養馬人打蚊虻用力過重，馬疼痛受驚，也會不領養馬人的關愛之情，咬斷嚼口，毀壞籠頭，掙脫勒肚帶，發洩一氣。

養馬人用心良苦，一失手便觸怒了溫順的馬。何況對殘暴的人呢？

殘暴的人總是有的，他們不會一夜之間變成善良人。善良是永恆的，但善良的人常常十分幼稚，殘暴皈依善良，不可能在旦夕之間，只在時日遷延的自然而然之中。而有的人到死都保持豺狼本性，這也是一種自然。所以，與殘暴的人也處之自然罷。操之過急，自取其禍，實在是善良者不明世故人情；捨生取義，殺身成仁，必須愼之又愼。

順其自然吧，不做什麼，也許什麼都能做成功！

4.有用與無用

至理至道，都是不背離事物的天然性情的……（所以）長的不算有餘，短的不算不足。因為這樣，所以野鴨的腿雖短，但給它接長，它便痛苦；仙鶴的腿雖長，倘將它砍斷，它必然悲哀。所以，天生長得長就不可以砍短，天生短的不可以接長。

小惑使人迷失方向，大惑使人迷失本性。

小人為利而賣命，士人為名而喪身，官長犧牲自己而保家，聖人則捐軀而為天下。這幾種人，雖然所做的不同，名聲也不同，但都在本性的基礎上，向前邁進了一步。

——莊子《駢姆》語譯

莊子在《人間世》中說：

山上樹木自遭砍伐，油脂與爐火自相煎熬。桂皮可以供人食用，所以人們就砍伐它。漆樹有流漆，可供人利用，所以才反覆遭人刀割。世上的人只知道有用之材的用處，卻沒有人知道無用之材，對自己有更大的用處。

看看下面兩個事實便知道了。

■無用可自保

有個木匠到齊國去，在曲轅這個地方，看見一棵被人們當作社神來祭的櫟樹。那樹眞是大呀，上千乘馬車可以在下面乘蔭。用繩子一圍，有整百尺粗細。樹高達山顚，樹幹幾丈高以上才生枝枒。可以用來造船的枝枒大約有十來根。這麼大的奇樹奇材，引來觀看的人，如同趕集。可是，這個木匠看都不看一眼。腳步也不停，只當沒有這棵樹。

可是木匠的徒弟卻呆了，把這棵樹看了個飽。他趕上木匠問道：「師傅，自從我跟隨您學手藝以來，還不曾見過有這樣好的木材呢。可是師傅看都不願看一眼，只顧走自己的路，這是爲什麼呢？」

木匠師傅說：

「不用提了，那是一個沒有用處的閒散之木，別看它高大，什麼用處都沒有！用它造船吧，太重了；拿它做棺材，轉眼就會腐爛；做家具，脆弱得不能裝東西；做門窗，太鬆太泡；作棟樑，又會長蛀蟲。這種樹，不成材，因此它才能有這麼高的歲數，長這麼大個個頭。」

木匠回到家裡，晚上睡覺，櫟樹就走進木匠的夢中，對木匠說：

「你到底拿什麼和我相比呢？拿有紋理的樹木來跟我相比嗎？那柤、梨、桔、柚一類的樹，結瓜結果，果實成熟了，立即被扑打，果實被打下來，身體就受到摧殘，大枝被打斷，小枝被打掉。這便是因爲他們的才能，使他們自己一輩子吃盡了苦頭啊。而世俗的不斷打擊，終於使他們不能享受天年，而小小年紀就夭折了。

事物沒有什麼不像這樣。我無所用，已經很久了，而今天我取得這種待遇，你以爲無用，卻成了我最大的用處。假如我有用的話，能有這樣高壽，有現在的生機旺盛麼？」

木匠醒來，把夢中的情形告訴徒弟們。

徒弟們說：「它既然只追求無用，那它做社神又爲的是什麼呢？」

師傅說：「別說話！它不過寄托於社神，以抵擋那些不理解它的人的批評議論罷了。這正是他追求無用，保全自身的表現。我們應該換一種眼光看它。」

■有用常早夭

楚莊王的異母弟弟，名叫子綦，住城南，因之，大家都叫他南郭子綦。

南郭子綦一天到河南商丘遊玩，在那兒看到一棵很特別的樹。那樹的高大與上面木匠師傅見到的那棵櫟樹，不相上下。

子綦說：「這是什麼樹啊，肯定有特殊的用途啊！」

南部子綦抬頭再細看大樹，又覺得有些奇怪。那樹的細枝，原來都是彎彎曲曲的，絕對不能作棟樑。那樹的主幹，木質鬆泡，也不能做家具。舔一下它的樹葉，口腔就會感染潰爛；聞聞它的氣味，就叫人發酒瘋，稀里糊塗，好幾天不能清醒過來。

南郭子綦說：「這是不成材的樹木，所以才能長到這樣的高大。神人不就像這不成材的樹木麼！」

宋國有一個叫荆氏的地方，適宜於種植楸樹、柏樹、桑樹等樹木。當這些樹有的長到一握、兩握粗的時候，有些人就把它們砍了做繫猴子的木樁。當有的長到合抱粗的時候，有些人蓋房子就把它們鋸倒做屋樑了。長到幾抱粗的的時候，鋸開一塊板子便可做一面棺材，一些做官的人家，有錢的商客，立即把它放倒。

莊子感嘆：所有這些樹木都未能享盡自己的天年，中途就受刀斧砍伐，這就是有用之材的禍患啊！看來，無用對保全自己作用更大。

■無用之用

在社會歷史上，人們還發現，在社會變動開始時，首先死去的總是一些有用之才。正如河中淹死的，總是會游泳的人，酒桌醉倒的定是會喝酒的人。因爲會游泳，下水的機會多，失身的機會也多；因爲能喝，和酒有緣，醉的機會也大。

人必有爲。莊子講無爲，實在不可能。歷史講文明，社會講功利，人生要創造，如何無爲？

有用總是人生的必要。

然而，知道人必有用，又知道莊子的無用之道，到底是人生實現的一大藝術。

5.天人合一，可成事

了解天然之樂的人，生，能應自然而行動；死，可混同萬物而變化。靜處時，他能和陰虛同寂寞；行動時，他能和陽實同奔湧。

因此，懂得天然之樂的人，上，沒有上天的震怒；下，不會招人非議；於事，無外物牽累，於心，無鬼神的責怪。

所以說知天然之樂者，動時與天同行，靜時與地同德，內心純一安定而能統馭天下。他身無病痛，心不煩勞，於是天人合一，萬物歸服。

這就是以無致有，統攝萬物的天然之樂。

——莊子《天道》語譯

■貪心與做假

做人，要眞，要自然。人人懂得這道理。能做到，能做好，卻不算太多。因爲，人人都說做人難，做一個眞實的人更難。原因是社會充滿了假。甚至有人說：不說假話，辦不成大事。

假，也不是沒有作用，但假，到底不長久，因此假的作用終究有限。但假害人卻無限。害己壞了品性，害人壞了事情。假，終必敗露，如紙包不住火；一旦敗露，千人唾罵，自己受其苦，未必又不是自己害自己！

所以，做人還是要眞，要自然。成大事者，莫不如此。

三國之爭，周瑜敗於諸葛亮，是因爲周瑜行假，才力不夠，便用詭計。結果害了自己，諸葛亮卻自然從容，動的是眞感情，用的是眞心眞意。大家風度，表現的是眞的人。

曹操，人稱奸雄，然而爲他效力的人絡繹不絕，因爲眞心對待人材，危難中又能不惜生命成就事業。虎牢關中，在諸侯勢利眼的一片斥責聲中，他親自給地位卑微的關雲長斟酒，眞情何其感人。敗敵之際，衆人畏縮，他孤軍擊敵，幾乎死於刀劍，其報國之心，何其壯烈！

所以，在事實中，並不是假的作用大，而是人們常常慾望大於現實，貪心壓倒可能，能力不夠，又不肯努力，便弄假，使詭計。這樣自己也便失去眞的本性。

■什麼是眞的人

什麼是眞的人？

保持生來的性情，安守正常的生活，遵循大家都奉行的原則。

不埋怨不足，能得多少就是多少。今日不足，還有明日，人生是一個過程，月亮總有圓滿的時候。

不誇耀成就。成功也不過是人生正常。成就了事業，不見得就高明不過。未成者未必沒有能耐。不以成敗論英雄。

不強求不可能的事。強求者，條件不允許，自己才力不夠，便弄虛作假。做賊瞞不了打更的人。隔牆有耳，室內豈無人。一朝敗露，身敗名裂。

眞的人，事有差失並不追悔喪氣，事情順利，也不自鳴得意。心裡平靜，表情自然。

眞的人，登高不覺膽寒，掉進深淵也不驚恐，站在油鍋旁也會從容不迫。因爲他明白了做人處世歸根到底是怎麼回事。恐嚇只能嚇唬無知的人，驚險只能震懾心理虛弱的人，死亡只有對弄虛作假的人才眞正可怕。眞的人心中只有不生不死、無私無利的大道。

眞的人，飲食不求甘美。他認定自己是一個平凡的人，滿足基本要求，飽了就夠了。所以山珍海味，連桌筵宴，不過裝璜面子，抬高身價，並無實用，不過是浪費，不過是滿足虛榮心。

眞的人，精神曠達、內心平靜，不以物喜、不以物憂，認爲爭名奪利，無非自找麻煩，人生來並不這樣。所以他夜裡沒有惡夢，白天呼吸深沉舒緩。

愛爭辯是非的人，理屈詞窮時，說話便吞吞吐吐。如果他覺得對手可欺負時，就強詞奪理，或矢口不承認事實，或歪曲事實。這樣可笑不說，如此爭強求勝，不顧事實，違背眞誠，可得意一時，其自然生機已經斷絕了。他必然白天困擾於欲望，夜晚驚擾夢寢，與人交往則疲憊於勾心鬥角。試想，得一時之便，失長久之生機，熟得熟失？眞的人對此瞭如指掌，又像一點不知。這叫大智若愚。

■眞的人奉行自然原則

眞的人不違背自然，而自覺奉行自然，並且自己是自然的一部分。所以，對人生過程看得一淸二楚。生，不過是忽然來了；死，不過是忽然去了。所以，他對生死過程，不違背，不抗拒，也不破壞。所以，他無所求，卻得到自然生機的最大賜予；他無所成，卻成就完善的人。

眞的人，思想專一於天地大道。他嚴肅如秋天，隨和如春天，感情的變化，有如四時的自然運轉，能同萬物的無窮變化協調適應，卻沒人能觀測他隨遇而安的底蘊。

眞的人，治國用兵，即使滅亡了敵國，也不會失別國的民心。利益和恩澤施當世與後代，並不偏私哪一部分人。

眞的人，經商謀利，即使一本得萬錢，生意的對手也不會嫉妒痛恨他。互相方便，雙方得利。活絡了自己，也成全了別人。

所以，喜歡用心溝通物情的，就不是明白人；有所偏私偏愛的，就不是眞正愛人的人；利害榮辱不能相通爲一的，就不是有才德修養的人；矯揉造作追求虛名，失去自己本性的人，就說不上是有識之士；勇敢捐軀，卻不是爲了大義，這樣人就是不能自由主宰自己形體生命的人。

眞的人，安然自得就像極爲孤高不群，但他決不固執，誰得道他就趨向誰。他胸懷寬闊，極爲虛淡，絕不自以爲是，或自我浮誇，外以欺人，內以欺己。

眞的人，精力充沛，具有令人親切的神色，隨和寬厚，使戀德歸服；他了解一切，卻又像什麼都不知道；他淡泊悠閒、效任無心，達到了得意忘言的境界。

要做眞的人，就須了解自然的作用，了解人爲的作用。了解這兩種作用，便進入了認識的最高境界，便了解人生行爲立身之根本法則了。

■天人合一

知道自然的作用，就知道：自然化育着一切。人類不可超越自然，人類也是自然的兒女。

知道人爲的作用，就可以運用自己的體力智力，追求事業、利益和知識，可得到的就進取，不可得的就安處於自己力量的限度，不急不躁不勉強，妥善保天年，這就是高明之見。

而自然的作用，與人爲的作用，又歸於一個大道：天人合一。人既是自然的兒女，說明天人本來合一。我們人類從自然的「一」中來，最後又回到自然的「一」中去。

了解天人合一，就能同造化渾然一體，利用自然，順應自然，作自然的伴侶。自然，有看得見的自然，也有看不見的自然。天體、風雲、山川、洪水、是看得見的自然；規律、時機、運氣，或者人們辦事說「聽其自然」，都是看不見的自然。兩種自然，都可以利用，順應，使人爲與之一致，這就是天人合一。合一則事業順利成功，人生安全。

不承認天人合一，人類便形勞心拙，既然天人合一，不承認它，就是自己和自己過不去。

天人本無分別。所以眞人以自然爲本，也以自然爲德性，爲力量。按天人合一行事，做眞的人，凡夫俗子，也能做事成功，做人成器。

違背天人合一，弄假失眞，有多少功成名就，已成大氣候者，一敗塗地！

6.道在實踐中

假如道竟然可以奉獻出給他人，那人們就沒有誰不把道敬獻給自己的君主；假使道竟然可以贈送給他人，那人們就沒有哪個不把它敬奉給自己的父母了；要是道竟然還可以告訴別人，那人們就無一不把道告訴自己的弟兄；如果道竟然可以轉送給別人，那人們就沒有一個不把道傳留給自己的兒孫。

如此做法都不成，也沒有別的，心中沒有主宰，道就不在心中了；形體無所舉動，道就不會實行。言教從內心發出，受教者不能領會，聖人就沉默了。

——莊子《天運》語譯

■道是什麼？

道是什麼？

道是事物的內部規律，道是人們行爲的方法，道是與人相交的技巧，道是揭開事物疑難的奧秘……道是這些，又遠不止這些。

道是關於天的，道是關於地的，道是關於人的，道是關於宇宙中萬事萬物的。

人生在世，爲人有爲人之道，經商有經商之道，用兵有用兵之道，爲官有爲官之道，文章有文章之道……

人跡所至，道即無所不在。

人人奉道而行事，亦知事中有道，因而，人們做事，不僅用力，並且用心。然而，可意會難言傳的道，大家都努力找尋它，掌握它。

得道，辦事就成功；得道，平凡人就成了有道德有才幹的君子；得道，就多朋友多幫助；得道，身心健康，益壽延年……

道，奧妙無窮；道，所在皆是；道，法力無邊。

如此認識道，既不是吹牛，也不是諷刺。擁有先進的現代工業文明的西方人，面對社會與人生煩惱，尋求事業生機時，努力研究東方的「道」，就是有力的例證。

莊子是專門研究「道」的大學問家。雖然他說的道，鑽研的道，和我們常人說的道，稍有出入，顯得更神秘，但用在人們的生活、工作實際上，基本還是一個東西。

■道可悟不可言

莊子認爲，道是眞實存在，可以驗證的。這個驗證就是做人的成敗與做事的成敗。做一個眞的人，就合乎道，做事順利、獲得預想的效果，也就是合乎道。

道可以領會、頓悟、感覺，但不可用語言形容、描繪、介紹。

也就是說，道可意會，難以言傳；可以神會，不可口授。

口授的道，只提供得到道的方向、路徑；語言只能說出道的模糊輪廓，猶如蟬蛻與蟬、影子與人。

要想得道、做事合乎道，最重要的是要去做，在實踐中領悟。

比如爲官之道，就是要好好去做官。說大公無私，爲政淸廉，奉公守法，先天下之憂而憂，後天下之樂而樂，禮賢下士，大義滅親等等，這只是道理上的道，觀念上的道。到實際中去，實現好官之道則遠比這繁複得多。最難辦的是人事，最曲折的是人情，自己還有私情。做官之道即在做人之道中。觀念上的為官道理，與現實的國法、政令，每一個做官的都了解，但在實際中極少人做得好。人情左右禮法，私利壓倒公正。於是古往今來，做官者多，做好事少，庸官多，壞官多，好官少。也因此，得官道者少，失官道者多。說到底就是在行為上將為官之道往背離道的路上推，或者得其皮毛，失其根本。

還比如文章之道。眞正會寫文章的人，根本不談文章的寫法、技巧這些所謂文章之道。

所以，魯迅先生尖銳地諷刺有的大學教授，編寫什麼「小說作法」、「文章寫法教程」之類的東西。

凡是道，無論是什麼方面的道，都是和生命感受結合着，在行動創造中自然表現的。「小說寫作技巧」、「文章技巧」是能教會的嗎？眞正的文章之道，只在文章之中，只在文章寫作實踐之中。所以俗話說：「熟讀唐詩三百首，不會吟詩也會吟。」從文章之中領會、體悟，才能得到眞正的文章之道。

所以，現在許多人編寫什麼「寫作辭典」「小說辭典」「詩歌辭典」似乎是想去教人寫詩，寫小說，還寫什麼的，其實不過哄自己也哄他人。

又如經商之道。大家就想到賺錢，想到一本萬利。但眼裡只有錢的人，未必能賺錢。

經商之道，先是為人之道。說無商不奸，則為商必敗。

商道即人道，就是要知人。

先是要知道人們要什麼，這是行情。

二是要了解貨源。誰的手中有什麼，怎樣出他手入我手又入他人手，這是人情與物情。

經商求利是目的，經商是人事，又必先取信於人。這又是為人之道。

知道這些並不難，做到這些卻不容易。所以經商之道也在實踐中——其中有哲學的高深，更有用兵的奇譎。

■先人道，後行道

道在實踐中，道無所不在，道變化無窮。所以要做一個事業成功的人，一個大智慧的人，一個一生吉祥如意的人不能不領悟道。

莊子曾描述神奇的道，把我們帶進遙遠神秘的世界。然而遙遠的神秘，又聯繫着今天的現實，它有助於我們今天去領悟道，去創造今天的成功。

莊子說，上古帝王狶韋氏領悟了道，於是他有力量整個頓天地萬物；伏羲得到，便有能力調和陰陽變化；北斗星合乎方位之道，就可永恆出沒，毫無差失地指引方向；日月隱含光明之道，就可永遠高照，規定白天黑夜，一年四季周而復始，秩序井然。

黃帝、炎帝領悟了道，於是創造華夏的一統文明；西王母掌握了道，就靜居在少廣山上，沒有人能了解她開頭，也沒有人知道她的終結；彭祖明白了道，就能從有虞時代一直活到春秋五霸時期，長壽八百餘年；傳說本是奴隸，得了道，智慧超人，輔佐武丁，總攬天下大權，一舉統一天下。

莊子說的這些，除了西王母和彭祖，實屬荒誕外，其餘無論自然，還是人類，都與我們現代人掌握事物奧妙，求得做人做事之道相關聯，有借鑑意義。

從莊子的話看，或是我們在生活習慣中說的道，都存在着才與德的問題，或者天地萬物的道，就表現在人的德與才上。或者人的才德修養好就接近天地萬物的道。

■道在個人實踐中

既如此，爲了人生事業成功，道可以學習嗎？

莊子認爲不可以，他舉了一個益壽延年的例子。

一個叫女偊的女人，年紀很大，卻面色如孩童一般，南郭子綦便要求向她學全德之道。她就說學不到。

學道必須是學道的那種人。舉個實例說吧。卜梁倚有聖人外在的才，卻沒有內在的道，我具有聖人內在的道，卻沒有聖人外在的才。

我希望用道去教導他，也許使他眞能成爲聖人。實際上不是口耳傳說那麼簡單。用聖人的道去指導聖人的才，應該收效會好一些。我用守身抱一的功夫來指導他，天長日久，卜梁倚才慢慢覺悟。

看來，做什麼事，要得到其中的道，首先你必須是做這事的料，具備做事的基本要求。如果不是這塊料子，就該換個道，換事業。

第二，得道不要指望別人一席話就告訴你了。別人告訴你的道，其實是他自己的道，再說語言和事實又隔一層，他從實踐經驗中悟出的道，生動活潑，經他一總結、一概括已經變成幾條死板的條文了，甚至說得完全走了樣。如前面說的，他最多給你指引條路。

第三，重要的是你自己去做、去實踐、去感受、去體悟。得道所以叫悟道。成功是個人的，每一次成功都是唯一的，只可不斷創造又一次，卻不可重複這一次。但這都在道中，也都在不斷地覺悟中。

明智與解惑

1.不言而喻的師道

……貴和賤是向相反的方向發展的，不要讓你的思想受到束縛，以至違背正常情理。

……多與少是相互代替而變易的，不要讓你的行為偏執於某一方面，以免和常規背離。

在才智上尚不知道是非界限，卻想考究莊子學說，就像要蚊子背大山，讓小線蟲游大河，肯定不能勝任！才智不足以談大道理，卻自我陶醉於一時口才，這不是井底之蛙，以管窺天嗎？

——莊子《秋水》語譯

人人都想求得知識，所以後來人說：知識就是力量。

人人都在探討人生，活着實在不是一件簡單的事。

人人都希望有好的長者和老師教導自己，洞察世事，練達人情。

然而，人人都討厭指指點點，神氣十足的好爲人師者。看來，求教者要有求教者的道德，教人者也須深明爲師之道。

■才德不可貌相

魯國有個被砍去一隻腳的王駘，追隨他學習交遊的學生，和孔子的學生一樣多。

孔子的學生常季子，看到這情景非常奇怪。他問孔子：「王駘是失去一隻腳的人呀，隨從他學習的門徒弟子，和老師各分魯國一半。這個王駘眞怪，站着不教導，坐下不議論，可是求教的雖然腦子空空，到他門下去，卻能滿腦子學問道理地回家。眞的有一種不可言喩的教學方法，使人潛移默化，心心相通嗎？王駘這個人到底算是什麼樣的人物呢？」

孔子說：「王駘老先生可算是一個大智大慧通大道的人物啊！我也要去求教他，只是落在你後面罷了。我尚且把他看作老師，何況不如我的人呢？豈止是魯國人，我將引導天下人去向他求教，和他交遊哩」

常季子說：「他是個被砍去一隻腳的人，竟然使老師也去請教他，說明他比常人要高明多了。如果是這樣，那他修心養性，為人處世的獨特地方是怎樣的呢？」

■道高於美

死和生，是人的大事。但王駘不因死生變化而傷感。天崩地裂，是世上大劫難，王駘不因大劫大難而患得患失。不憑身體形骸，也就不會隨外界變化，心神搖盪。任憑外部事物的千變萬化，自己心中卻穩穩把住「九九歸一」的混同大道。明此大道，就能任憑風浪大，穩坐釣魚台。

——孔子這樣開導。

「怎樣理解九九歸一的混同大道呢？」

明白大道理的人觀察事物，從它對立的角度看，比如肝和膽挨得很近，卻又像洞庭與太湖一樣距離遙遠。它們工作行當不同，叫隔行如隔山。

從它們統一的角度看，天地萬事萬物，變化九十九、九百九、九千九、九萬九，以至無窮，但終而歸一，又是統一的天地世界的產物。所以，肝與膽則統一於一個生命。

如此看事物的王駘，也就不會關心自己耳目中的美醜善惡聲色，而心神安閒，對萬事萬物能看到它生於一，又九九歸一。

對於自然，沒有什麼眞正的損失，所以喪失一隻腳，好像只是土牆上掉下一塊土。

——孔子解釋說。

■清水平靜，方可照人

「王駘只是重視修養自己的個人德性，用自然的大道照亮自己樸素的心靈，這樣獨善其身的人，人們爲什麼都尊崇追隨他呢？」

人們不會在流動的水面上去映照自己的形象；只有在清澈平靜的水面上。才可看清自己的容顏。也只有平靜才可平息躁動的心緒。

樹木稟受土地滋養而生長，只有松柏能抵抗嚴寒，四季常青；人類因自然造化而生存，只有堯舜這樣的人獨得天地正氣，成爲聖賢。正是因爲端正了自己的品性，才成爲他人的榜樣。

保持初生嬰兒的天眞無邪，才會有無所畏懼的氣概。勇敢的武士，單槍匹馬也敢闖入千軍萬馬之中建功立業；何況洞明世事，看透人情，超過死生的大明白人呢？

王駘的修養很快就要達到人們理想的大道境界，人們總是自覺地學習他這一點，追隨他生命過程的足跡。但他既無私利，也不求功名，做一個自然的人，做一個平凡的人，衆人對他的尊敬，又算什麼呢？那是人家的事，對王駘無所加，也無所減。本來對他不算一回事，他也不當一回事。

——這就是王駘足以為人師之處。

超越人間過眼雲烟的熱鬧名利——自然，是正本清源的深刻。

無所求，是最完整的人生實現。

不教之教，正是為人師最好的師法。

2. 解除迷惑

……視覺過於敏銳的人，反而容易五色迷亂，混淆各種圖案花紋，那華麗的服飾上花團錦簇，珠光寶氣不就是這樣一團迷糊的光彩嗎？

聽覺靈敏的人，實際是五音雜沓，六律混淆，那金石、絲竹、黃鍾、大呂之類的音響，不正如此嗎？

多言善辯的人，咬文嚼字，將一句話穿靴戴帽，比如在這一塊白石上硬要分出白色與堅硬是否同一，這不是枉費心思，騙取博學多才的虛名嗎？

小的迷惑，使人迷失東南西北；大的迷惑，叫人失去天然性情。

——莊子《駢姆》語譯

人生在世，總是需要一些聰明心機的，否則，個人何以立身，社會歷史何以發展！

但人之聰明心機總還須適度，有一個正當行使方向，否則就會：聰明反被聰明誤。

這就是：做人聰明難，聰明到一定時候，則糊塗難。以我們中國人說：聰明難，糊塗難，由聰明到糊塗更難。這其中有一條道理：愚是大智，拙藏大巧。

■不要過分

眞正的聰明，重要的一條是：不要過分。安於自然常態，不可畫蛇添足。

打比方說吧，腳的拇指旁又長出一指，人稱「拼拇」，五個手指外多生出一指，人稱「六指」，這可都是天生的喲。但從人所共有的體貌來講，則是多餘的。又比如，附生於人身上的肉瘤，和大氣疱，雖是從人身上長出來的，但從人生來的模樣說來，卻是多餘的礙眼的。

人活在世上何嘗不是如此呢？過分地宣揚仁義，像孔丘那樣，這不也是濫用了聰明麼？孔丘開了頭，許多人都跟他學，用所謂虛假的仁義道德騙取功名利祿，這人的聰明，對社會，對他人還有什麼用呢？不僅沒用，還成了社會的贅疣！

所以，由駢拇與六指的道理看，人在各個方面的才智都不可過分，一旦過分就會走向它的反面，成爲生活的累贅。

在有些醫生的眼中，起一陣雞皮疙瘩，打一噴嚏，一點皮破血出，都會引起無限驚駭，都可能是不治之症的先兆。自己患了一種職業病，同時也讓只有些微不適的就診者，驚恐一場，務必做一個全身徹底的檢查，才算放心。

而執着於書本的人，各種學說、教條知道得太多，便愛窮求事理，咬文嚼字，自以爲才學豐富，實際是讀死書、掉書袋。社會變化，人情複雜，生活不只有書本，這樣的讀書人一到生活實際中，便感技窮力拙。這就是坐而論道，文章誤人。

而精神過分敏感的人，總是想法多。與人交往，一次交談，偶爾隻言片語，甚至一種表情，一個招呼，就會分析出很多。人家對我怎麼樣怎麼樣，自作多情，自尋煩惱。雞蛋裡挑骨頭，或針眼大的的小孔挖出城門大的窟窿。無事生非，小事生出大事。自己精神受苦，同時弄得與人關係緊張，又是一層苦處。

這是爲什麼呢？

不可過份！不可困於心造的幻影！

■小惑與大惑

人總有許多迷惑。不迷惑於自己的心智，就迷惑於外部環境。

這迷惑的壞處可大啦，莊子說，小的迷惑會使人不辨前進方向，大的迷惑會使人改變自然本性。

憑什麼這樣說，莊子舉了虞舜帝的例子。虞舜不是倡導仁義來拯救天下嗎？果然，天下就沒有哪一個人不爲仁義而疲於奔命。這不是拿仁義來改變人的本性嗎？所以，夏、商、周三代以來，可以說天下沒有哪一個不因外物的引誘而改變自身的本性。

仁義這東西也不是說根本不好，但疲於奔命地追求仁義，這仁義已經不仁義了，那人性不是迷惑了嗎？

說到底，對於人來說還是一個名與利的問題。

小人爲了取得一己私利而賣命，有點身份的人則爲撈取不朽的聲名而喪身，爲官作宦的人則爲了保全自家的身家性命，聖人則爲天人奉獻熱情與才智。這種種，所作所爲雖然不同，因此產生的名稱聲譽也不同，但在傷殘人的天然本性上，把自己當作犧牲品卻是一樣的。

再講個故事，男女二人一起放羊丟了羊。女問男做什麼去了？男說：看書。男問女做什麼去了？他說擲骰子玩去了。

二人所做不同，在丟羊這一點上卻是共同的。

伯夷爲了名聲餓死在首陽山下，盜跖爲了私利喪命於東陵山上。這二人死因不同，但他們在殘害人性這一點上是共同的。

人的本性這一點是根本的。人做一切都應當是表現人的本性的，不食、不暴、不惡、不苦，使人人快樂、舒適。如果是爲了名利，不管是以仁義來號召，或者用耀眼的旗幟來揮舞，那都是一種迷惑。或迷惑於心，或迷惑於形，或心形俱迷惑。

■明察

天論大惑或小惑，要心中不被迷惑，那就要明察。

明察自然要一雙明亮的眼。眼的明亮從哪兒來？人的自身性情。

人只要活着，就會有迷惑發生。

古代人有古代人的迷惑，現代人有現代人的迷惑，或者說現代人比古代人有更多的迷惑。

現代人，年年有新浪潮，年年有流行色，還有更多的機遇的引誘，廣告的蠱惑。這時，個人要選擇，選擇的前提是明察。

莊子說他說的明察，不是說要能看到別的什麼，看到身外之物，而是要返觀自身，這就是人自身的性情。

莊子認爲不看到自身性情，而只看到別人臉色；不是從自己的性情、智慧，而是從別人的指使，驅趕中去奔走。這樣的結果呢，使別人在應得的方面有所得，但不能使自己在應得的方面有所得，使別人應有的滿足得到滿足，但自己應有的滿足卻不能滿足。

對於這樣的人呢，不能明察是肯定的了，而對於這樣的本身呢，要不是心靈麻木，睡着了還沒醒，要麼壓抑自己的本來願望，屈心抑志遷就現實。不管是哪一種情況，都是對人天然性情的扭曲。

醉心於功名利祿等等身外之物，躬行仁義也說不上是善良；刻意求取多才多藝，也說不上完善與聰明；通曉五音，明辨五味，也說不上明察。

眞正的仁義，只是保養自然，善於自得罷了。眞正的善良，並非只了解仁義，不過是要順應自身的情性發展罷了。

眞正的聰穎，不是要只聽別人說什麼，而是要返聽自身罷了。

這所有就決定着自身的明察。

懂得明察，懂得人的天然本性的寶貴位置，便知道在現代生活中尋找自己的正確位置。

不在浪潮中隨波逐流，又能找到適合於自己的一朵浪花。

不在流行色中盲目漂流，又能不失時機地捕捉到自自己的色彩。

不爲喪失人生天性的名利誘惑。

秉持自然，便是實實在在的人生。

如此，無功，則心安理得；有功，則功德無量！

3.智慧的影子

雖然賤俗，卻不能不使用的那是物器；雖然卑下，但不能不依靠的就是民衆。雖然瑣細，但不可不做的，那就是人事；雖然簡略，卻不能不陳述的，那就是法紀。

雖然離道遙遠，但不能不堅守的，那是義理；雖然和人親近，但不能不推廣到萬物的，那是仁慈。

雖然必須節制，但不能不注意忠厚的，那是禮教；雖然甘處中和，卻不可不志行高潔的，那是德行。

雖然抱一求純，但不能不順時通變，那就是大道；雖然神靈莫測，但不能束手不為的，那是天命。

——莊子《在宥》語譯

人人都希望有超人的智慧。因爲，無論日常生活還是做一番大事業，智慧的作用，眞是多多益善。從個人這一方面看，多智慧總是好事。作父母的，誰也不想生養的子女是傻瓜蛋；與人共事的天下男女，誰也不願是被人捉弄的笨伯。但事情也不完全是這樣。

■賊是小人，智過君子

智慧的最大陰暗面是幫助人們做壞事，謀求私利。比如盜竊犯偷竊人民財物，就要運用智慧，並且那智慧運用起來，叫人防不勝防。貪官污吏，禍國殃民，要使自己行爲言論合理合法，冠冕堂皇，叫人無懈可擊，這也是運用智慧，歪曲事實，鑽法紀的漏洞的結果。

俗話說，賊是小人，智過君子。可見就是智慧使壞人達到罪惡的目的。

莊子說三皇五帝時代，就沒有智慧的害處。那時，人們結繩記事，粗劣的飲食也覺香甜，只要是衣服，都認爲很漂亮，民風純樸，人的心情愉快。這就是上古的太平世界。

後來，人的智慧的作用越來越大，如果說聽到哪裡出了一個賢人，人們就會攜帶乾糧，不辭辛苦地奔向他。甚至忍心拋下自己的雙親與家眷。再到後來，揣着各種智能、謀略的人，不斷地出入各個諸侯國的國境，車馬千里縱橫，天下熙熙攘攘，這就是統治者提倡智慧，任用智能的流弊。

事實上領導者一重視智慧，發展各種技能，天下就開始混亂了。有了弓箭的種種技術，天空中的鳥類，受驚恐就會亂飛亂叫。有釣鈎、魚網，魚兒在水中就會生驚疑，亂游亂跳了。有了窩弓、陷阱，野獸在山中也就不安寧了。

在人的生活中，奸巧詭詐，搬弄是非，一種觀點便會糾集一派人馬，吵吵嚷嚷，世俗的人，就會被詭辯迷惑，無所適從。

更不用說，還有人運用智慧，謀取私利，行凶作惡了。

所以，天下常常動亂不安，根源就在於人們喜歡運用智慧，違法亂紀，爲非作歹。

久而久之，人們的錯誤越來越深。都只知道探求份外不可預知的事物，卻不知道探求他們份內曾經認識的事物；都只知道非難暴君大盜的爲非作歹，卻不知道他們曾經崇拜的聖賢君主行爲的僞善。

因此，天下事註定越來越麻煩，人越來越複雜！

■教化

教化，對於社會，尤其是對於下一代是必須進行的。教化無論怎麼說，動機是好的。但好心的結果，是不是都是好的呢？

其實也不！教化也有教化的陰影——

教化好的同時，也教化了壞。

講一個寓言。

馬在樹林與草地上生活，餓了吃草，渴了喝水。高興時就兩馬依偎，頸子挨着頸子，相互擦癬；發脾氣時，屁股對屁股，你踢我，我踢你。馬所知道的就是這樣。

到伯樂出世，說他會盤馬。用剪刀剪剃它，用烙鐵燒灼它，還給它加上橫木、軛頭，又配上額鏡，釘上鐵掌。於是馬也就孑然獨立，憤怒仇視，拱着脖子，抵抗羈絆，狂奔亂跳，掙脫束縛，甚至吐出口勒，撕爛轡頭。

馬竟然能做壞事了，這是伯樂的過錯，或者說叫副作用。

現實的事情，也是這樣。

按眞善美的原則寫出的小說等文藝作品，明白地寫著誰打家劫舍，搶劫財物；清楚地寫著誰與誰的男女私情，花前月下，枕席廝磨。作者完全可以居心端正，看的人卻可以各有各的看法。批評盜賊與邪淫是實，而誨淫誨盜也確實是一種後果。

至於官府文告，聚衆宣傳，申張正義，敎化民衆是目的，但宣布落入法網者的罪行，諸如政變；諸如搶劫，諸如奸淫。那細緻的介紹，令人驚心動魄的過程，對想跟著試一試的人，無疑是一種刺激，一次指導，甚至是一種鼓舞。

所以，對於敎化，宣揚良善，控訴邪惡，同時也擴散了邪惡。

所以莊子便想回到那令人嚮往的、上古的那個赫胥氏時代。那時，老百姓住下來不知做什麼，走路不曉得去哪兒，只要有東西吃，就快樂不過，吃飽了就腆著肚子到處遊逛，人們所做的就是這些。壞就壞在聖人一出世，一年年敎化，天下人越來越聰明，社會上邪惡的人和事也越多。

上古時代看來是回不去了，但那情景很寶貴。

■無知

無知是不好的，特別是文明社會愈來愈發達。比如現代社會說一個國家、一個民族，落後了就要挨打，這同時也就是說無知則無力量，於是就必然被別人欺負。別人憑什麼欺負無知者，當然是憑知識的力量。因爲知識就是力量。

如此看來，知識也有它巨大的破壞性，同時，無知若和樸實、善良聯繫起來、則也有它巨大的好處。

一個叫崔瞿的人，曾和老子討論這個問題。崔瞿是莊子虛構的一個人物，老子即春秋時的大哲學家老聃。

崔瞿問老子說，假如不治理天下，使人們有知識，受管束，人心怎麼能善良起來呢？

老子說，千萬別這樣，人心束縛不得。人心一受壓抑排擠，就會消沈下去。相反，如果受到抬舉推崇，就會亢奮起來。這種情緒起伏，只能使人生活失常，形容日漸憔悴。時間久了，強者征服弱者，有棱角的人也會在現實的磕磕碰碰中變得圓滑。

另外，熱乎起來像烈火，冷淡起來像寒冰；它變化迅速，遨遊四海，馳騁天空；它靜時如深淵，動時如大海波濤，冷落傲慢，又像山岳。這所有就是人心，能用知識束縛引導嗎？

從前，黃帝開始拿仁義來調教天下人，於是堯舜便打著赤腳，捲起褲腿，四處奔走宣傳，想使人民實行仁義，還勞神費力地規定法律制度，但還是不行。於是，唐堯又使用武力，把驩兜、三苗和共工這三個諸侯，充軍到荒野做苦工。

到夏、商、周這三個朝代也不好辦，知識越來越多，人民越發驚擾不安了。下等的有暴君夏桀、大盜柳下跖這一類人，運用知識做壞事；上等的儒家和墨家這些學究們宣傳自己的主張。在這種情況下，滿意的和不滿意的互相猜疑，愚鈍的和聰明的互相欺壓，善的和惡的互相指責，誠實的和奸詐的互相攻擊嘲諷。

有了知識，大家便各執一端，人的自然本性便被破壞了。

既然知識被人們看重，人們便主動運用心計，社會便多事了。於是統治者大開殺戒，天下大亂，不免玉石俱焚。這樣賢明的人只能隱居僻壤，而萬乘之君又在朝廷上擔驚受怕。

這不是知識的壞處是什麼呢？

知識必要的，而認識無知的意義，對知識的了解也就透徹了。

■適　度

人歡喜過度了，便會陽氣偏旺；憤怒過度了，便會陰氣過盛。如果陰陽二氣都漲起來了，人體必受傷害，這就是陰陽失調，人體平衡打破，生物鐘被打亂。

人們高興或者發怒，一旦失去常態，生活也便失去常規，思考問題便會不得要領，失之偏頗，辦事也會一意孤行，不成體統。在這種情勢下，人們便會有奸險、狡猾、孤僻、猛悍等表現，進一步人群便會發生分裂，出現好人、賢人，也出現惡人與強盜。好人、賢人不斷發展善良、仁德；惡人，大盜不斷作惡，使壞。於是日子一天天如流水，善與惡，好與壞，眞誠與僞善的較量，也便道高一尺，魔高一丈。

於是，天下人奮起去懲治壞蛋，不是力量不夠，就是不能除惡務盡。從夏、商、周以下，歲月流逝，人們吵吵鬧鬧，以賞罰爲能事，哪裡還有時間讓自己的本性得安寧呢？適度也就無從說起了。

然而，適度又是一個不能不注意的事情！

你喜歡眼光明亮，這樣過了頭，就會沈溺於色彩，追求華麗。你要求耳朵清楚，這樣走過頭，就會迷惑於音樂，追求空洞不實的東西。

你喜歡仁，過分苛求，就會與人們的日常習慣發生衝突。你喜歡義，不顧常情，就要違背事物的常理。你講究禮節、儀式，就容易犯虛僞造作的毛病。你喜歡音樂、文藝，就會有邪淫的聲音充斥你的耳朵，邪淫的心思縈繞心頭。你喜歡聰明，才智，便會助長無用的技藝發展，使人性天然之質受到種種傷害。

這八個方面，好，適度，就是人們與天下的八益，一旦過度，就是人們與社會的八病了。

■相同

人們一種普遍的心理，喜歡別人和自己意見相同，不喜歡和自己意見不同的人。

和自己主張相同的就喜歡，跟自己意見不同的就不喜歡，這是從出人頭地著想的。

從出人頭地著想的人，何嘗能超出衆人呢？

擁有國家的人擁有四海，擁有四海的人恰恰自己一無所有。因爲他屬於國家。反過來他揮霍國家，那他就危險了。

這道理就是，擁有身外之物，而不認爲這身外之物就非我莫屬，這樣外物也就眞正成爲外物，並爲我所用。

明白了使外物成爲外物的人，是不認爲有外物的，這就是物我同一了。物我同一的人於人，無所謂相同，也無所謂不同，一切都在一種天然智慧的理解。這樣人也便無時不安全，無處不尊貴了。

至於教化，對於物我同一的智者，就像影子對於形體，回響對於聲音。別人有所問，他便有所答，讓別人暢所欲言，而自己則是給人配對的。他安居時無聲無息，他行動變化無常猶如自然的法則。

應當明白，常常我們認爲賤俗、卑下、瑣細、粗略、空玄、茫遠的人與事，往往是我們安身立命必須依靠的對象與手段。這就是道，這是相同中的大同。

所以眞正的智慧之人，能讓事態自然發展，並不外助人力；能養成高潔的德行，又不去刻意做好事，只在順應自然。能應接以禮，無所避諱；能理順事物，當仁不讓。

能依賴人民，並不輕用民力；能任物之情，而不讓它失落本性。

這所遵從的都是大道同一的原則。

什麼是道？有天道，還有人道。無爲而爲尊於上的，即天道；有爲而爲並受苦受累的，即人道。爲主的是天道，爲從的是人道。

人道可揣測，天道難幽窺，相差太遠了。

深知這一切，即不可執意於一己之私的相同，以求夜郎自大的出人頭地。而能將天道同一而用之，則身外之物皆爲我獨有，這是無爲之道，亦是無所不能爲之道。

4.自然調節

要等待繩墨、規矩來校正的，這便是砍削事物的本性的做法；要等待繩索膠漆來穩固的，也是傷害事物本性的行徑。

卑躬屈節來實行禮樂形式，嬉皮笑臉以顯出仁義的樣子，讓天下人心得到安慰，這實際失去了人生正常的情態。

正常的情態就是：曲的不用曲尺取彎，直的不用繩墨求直，圓的不用圓規畫圓，方的有不用矩尺取方，附著不須膠漆，捆綁不用繩索。

如此，所以天下事物都能怡然生長，但又不知其生長的原因；同樣地有所得，但又不知所以得到的原因。

如此；所以古今沒有兩樣，正常的規律也決不會受污損。

——莊子《拼拇》語譯

天工人可代，人工天不如。鼓舞人的力量可以這麼說。還可以說：人定勝天，征服自然。這都是肯定人有巨大的創造變化之功。

另一方面，自然變化無窮，人也是自然的一部分。閱盡人間春色，常常發現，一場戰爭、一段歷史成就的許多功業，改變了自然，改變了人。但不過一段時間，人們奇蹟般地發現，自然與人又回到了原來的狀態。

自然變化之功就這樣巨大。

莊子要人回到自然，人們從來沒有接受，莊子要人認識自然變化之功力，世人永遠不會忘記。

■化育

化育是自然的巨大功能。人們承認它也好，不承認也好，它總是存在著。這就像人的努力有爲一樣，只是它總是平靜無爲的。

它按以下的規律存在，並運行——

天地雖然無邊廣大，它的無爲自化是均等的。區別的只是時間地點不同，內容有所變化，但決不在機會上克扣。

萬物雖然紛繁複雜，它們的自得之理是一致的。區別的只是時間、內容的不同，地點因物而異，但決不在機會上偏私。

百姓平民雖然衆多，他們必然有一個主宰者，永遠如此。俗話說是帶頭的。俗話又說：千人吃飯，一個主事。雁行總有一個領頭雁。

主宰者必須以德爲根本，成全於自然。所以說，遠古的時候治理天下的辦法就是無爲，一切任其自然。

我們今天看這種爲君之道，也是永垂不朽的智慧。因爲生活之樹常青，生命之樹常青，無爲即是承認生活內在規律，放任便是尊重生命自然需求。這就是道的表現。

以道的觀點看，千事有頭，萬事有尾，這樣，萬萬千千的民衆中必然有一主宰者，這是正正當當的事情。以道的觀點看，有頭有尾便有次序；有主宰者，有隨從，主從有別，這也是名正言順的事。

用道的觀點看待能力，那天下的官吏便能治理得當；用道的觀點看待一切，人間萬物便可泛應無窮。

所以遍及天下萬物的德，通行於天地人間的是道。在上面統治人的是政事，按能力有所專長的是技術。

技術統屬於事務，事務統屬於義理，義理統屬於道德，道德統屬於道，道表現自然。

自然就是按這樣的層次化育人類，人類就是按這樣的規律駕馭萬事萬物，而隱藏在人事間的道德，義理又約束、支配著人。

說出這些常是說而不清，一切都在生命與事物變化之中，領悟可得一切奧妙。

■十　德

順應自然化育之功德，作一個成功的人，莊子提出了十種品德——

天：覆蓋萬物，浩瀚廣大，在它的面前，君子怎麼能不深入感動，像它一樣以無為的態度去做事呢？認識這一點，就認識了天，具有了自然之德。

眞：以無所求取的態度去做，去說。

仁：有愛人之心，有利物之情。

宏大：人與己不同，就和別人達到同一。

寬厚：不求出人頭地，不以為自己與別人不同。

富有：物物不同，我應有該有之特點。

綱紀：保持自然德性，世間萬千人事變遷皆在我胸中。

自立：修養各方面道德，成功地用於爲人處世。

完美：一切遵循道去做，這就是完備無缺，不因外物挫傷自己的志氣，這就達到了德性完美。

一個德才兼備的了解並做到這十個方面，那他立志高遠，胸懷廣大便無所不包了。其所作所爲即爲萬事萬物趨向的必然大勢，其力量便磅礴而不可阻擋了。

■各得其所

道是可以說出來的，但說出來的道，已經不是實際存在於事物中的道了。

那怎樣說才能淸楚地把道的樣子說出來呢？

語言是無力的，事實中卻有眞正的道。

小孩扯一片樹葉，捲成一個小筒，做一個葉笛，放在嘴裡吹得嗚嗚——笛笛的響——成功了。小孩做的這個葉笛，符合葉笛之道。

第二次，小孩又作了一個葉笛，塞到嘴裡一吹，只有氣流穿過葉筒，葉笛不響，繼而吹得面紅脖子粗，葉筒仍不響，仍不成爲一枚葉笛。這一次小孩未得葉笛之道。

道是什麼，這便可悟出了。

所以，道對於一事物就是它本來應該的樣子，得到它應該得到的條件、法則。對於萬事萬物就是「各得其所」。

所以，莊子說道雖然說不清楚，深奧沈默就像深淵一樣，但它又清明如同清澈潺湲的小溪一般在人們面前流淌。鐘罄不得道就不可能鳴響。所以鐘罄能鳴聲，於是敲制響，不敲則不響。這就是鐘罄之道，它是存在著的，不是說明出來的。

同樣，世間萬事萬物，感應有方，各存其道，誰又能一一描述出來呢？

不過，作爲人，道的可悟不可說的特點，絲毫不影響人在實踐中求取道，在行爲上暗合道，做一個道德高尚、有才有藝的人。

比如能抱定單純同一的原則與人共處，超脫庸俗瑣屑人事利害紛爭，讓自己立於自然本性之上。這樣，心情寧靜，智慧之光內照，性靈便與神明相通，德澤便可遍及萬物。這樣，他心神出動，是因爲外物求取於他。

所以，對於人，因爲有道，生命形體便出生了；對於人，由於道德才智發揚光大，這樣，保存形體，享盡天年，培養盛德，明了大道，不就是一個很完美的人嗎？

這樣的人心懷多麼浩大寬廣啊！他並不要求得到什麼，但忽然而起，勃然行動，人們便會立即跟著他行動。這就是道德高尚的人。

道，看起來幽暗模糊，聽起來無聲無息，但他卻可於其中得分曉，知聲息。所以得道者，哪怕是深之又深，他能於其中窺見物象；哪怕是神而又神，他能從中體察出眞正的要領所在。

正因爲這樣，得道者，他和萬物接觸的時候，雖然他一無所有，卻能供應萬物的需求。儘管他時動時變，但他卻可穩穩當當地把握萬事萬物的結局與歸宿，使大小、長短、遠近，事變中的物物各得其宜，各得其所。

■無心

中國帝王是向南而坐的，這是中國的規矩。

南方，象徵明察的方向。

一個爲帝爲王者，南面而坐稱王稱帝也就罷了，倘若登高，故作姿態眺望南方，以顯示自己就是傳說中的明察的人，那實際就是糊塗了。即使原來是個明白人，那他這個行為也是糊塗的。

這話很有道理，按這個道理，莊子又講了個有心與無心的故事，顯示另一層道理來。

莊子講，有一天黃帝到赤水之北遊玩，登上崑崙山頂向南方眺望，回來的時候，他的那顆神珠卻弄丟了。

那神珠可是一個通靈性、知道吉凶禍福的寶貝呀！怎麼弄丟了？黃帝很著急，就派聰明能幹的有心這個人去找，有心細細地找了一番，一無所獲。

黃帝無奈，又派眼睛最好，百步遠的頭發絲也能看清的離朱去找，又未找到。再派會分析問題的吃詬去找，還是無所得。

最後，黃帝只有派以稀裡糊塗著名的無心這個人去找。意外的是，無心一踏上崑崙山頂就找回了這顆神珠。

黃帝非常詫異：「奇怪，無心這人什麼都不放在心上，他怎麼能找到呢？」

有意栽花花不發，無心插柳柳成蔭。

世上什麼事物出現，都有其必然之道，順其道則成，背其道則不成。有心於成，背其道，則南轅北轍，永遠也達不到目的；而在有心之上，於事還要刻意，則更是大錯誤了。無心於成，能順其道，正好歪打正著，世上事就是如此。

所以，行爲中要有心，也不妨想想無心的收獲，這實在是一高明而實惠的行爲藝術。

5. 得　失

孝子不奉承他的父母，忠臣不巴結他的君王，這是做兒子與作臣子的最好表現。

只要是雙親所說的就認為對，只要雙親做的就認為好，人們便說這種人是不成器的兒子。

凡是君上所說的話就認為正確，凡是君上所做的事就認為良善，人們便說這種人是無才無德的臣子。

……說自己討好別人，就怒形於色，說自己奉承別人，就愁眉苦臉。實際上他一輩子都在討好別人，一輩子都在奉承別人……

——莊子《天地》語譯

得失是人的得失，沒有人何來得失！

世人說：做人難，難做人。難從何來？無非事情中於人，有得有失，而人又患得患失。

得失，讓聰明人擔憂，也讓糊塗人不再糊塗。都只想得而不想失，何況世上人還因得失而對得失者說長道短！

得之可得，失之也必失，何能迴避？

得失本來同來同往，相伴發生。

■光有智慧，不足為君

有學問，必有老師。師爲什麼常常又不是世上最能幹的人？帝王也有老師，爲什麼有些帝王的老師卻又沒有教好帝王的才能與道德？

許由曾對唐堯講的一番話，正回答了這個疑問，也說明了爲人的得失。

許由是誰？

許由是唐堯的老師。唐堯是中國上古帝王。許由的老師叫嚙缺，嚙缺的老師叫王倪，王倪的老師叫蒲衣子。他們的學問師承就這麼來的。

當時，嚙缺、王倪都在世。唐堯有意將帝位讓給賢能的人，論年齡、學問、身體狀況，唐堯似乎覺得嚙缺是最好的人選。

唐堯就問他的老師許由說：「齧缺可以當天子嗎？我想借王倪老先生的面子，請他出山，管理天下。」

許由立即反對唐堯這種想法。

他說，如果請齧缺老先生管理天下，那可就非常危險啦。

齧缺爲人聰明、多智慧，行動迅速敏捷，他的天賦爲一般人所不及，並且能以人事去適應自然。這是他最大的長處。

他阻止別人作惡，很有一套，但他僅能阻止，但不知人家爲何發生這些過惡。要是眞讓他當天子，他就將凌駕衆人之上，從而喪失自然本性。他還會以自己爲本位，使其他人都適應他，就會以爲自己有了不起的智慧而如火如荼地到處奔波。

他會爲瑣碎的事務所糾纏，爲身外之物所役使。整天的日子也就是，倉皇回顧，窮於應付。他肯定會千方百計地答應衆人的要求，就會爲外來意見所影響，以致思想行爲失去準則。

齧缺不適宜於當天子，這是一方面。但部族中必有宗祖，必有現實的領導人，雖然他不可以做衆族的配天之君，做一族之長卻是可以的。他不能做配天之君，不是才能不夠，而是德行不適合。

爲什麼這樣說呢？治，是亂的先導。憑嚙缺的智慧肯定可以把天下治理好。但他以智慧的手段爲治，必使臣子受害，他自己也失去安全，國家的禍亂也跟著就來了。

嚙缺因智慧而得，因智慧而失就如此。

■均則無憂

唐堯到陝西這個地方視察。

華，在現在陝西華縣一帶。

華地守衛邊界的官員說：「啊，聖人來了，請讓我們爲聖人祈禱。」

「讓聖人長壽吧！」守邊官員祈求道。

堯說：「不必。」

「讓聖人富有！」

堯說：「不必。」

「讓聖人多生男子。」

堯說：「也不要。」

守邊官員說：「長壽、富有、多得男子，這是人所喜歡的，偏偏你不喜歡，爲什麼呢？」

堯帝說，多得男孩子，就會多憂慮，富有就會生麻煩，長壽則必然所受的屈辱也多。這三個方面，都不是用來保養德性的，所以我謝絕你們爲我的祈求！

守邊官員說：這就不對了！開始我還以爲你是聖人，現在看來，你也不過是世俗所說的君子一類的人罷了。

守邊官員開導唐堯帝，說了一番道理：

天生天下人，必然會授給他們一定的職事做。多男子就授給他們一人一個職務，那有什麼憂懼！富有，財物多，就分散給衆人，又會有什麼麻煩！那聖人就像鵪鶉一樣居無常處，像剛剛出殼的小鳥，只管仰著頭吃，像鳥兒那樣地飛行，過去了便不留踪影，做什麼事都能悠然自得。天下有道，就和天下百業一齊昌盛起來；天下無道，就閒居起來，修心養性，求得長壽。享盡天年，就駕著白雲，到達上帝之鄉。到這時病、老、死三種災難永遠也不再有了，如此，又有什麼屈辱呢？

說完，守邊官員走了。

堯緊跟上他，說：先生能爲我講講嗎？

守邊官員立即搶話說：「回去吧。」

堯帝爲修養一種小德，失去對大德的了解；執著於一種拘謹的小知，失去了瀟灑自在的大知！

得失無所不在，不過在人選擇罷了。

眞正的智者，應選擇大者。

■賞 罰

伯成子高是一個很有道行的人。

堯治理天下的日子，伯成子高被封爲諸侯。

舜治理天下時，伯成子高仍被封爲諸侯。

禹治理天下的時候，伯成子高卻辭職不幹，回家種田去了。

這是爲什麼？禹很納悶，就跑到伯成子高的鄉下，去看望伯成子高。

當時伯成子高正在田野裡耕田，禹便一路小跑到他面前，站著問他：

「往日唐堯、虞舜管理天下，先生都被立爲諸侯。如今，帝位傳給我，我正想倚重先生大幹一番，先生辭職不幹，在家種莊稼。我不知能不能問，您這當中是什麼原因呢？」

伯成子高說：「往日堯治理天下，不獎賞，人們也知道互相勉勵；不懲罰，人們也知道什麼該畏懼。現在，您又賞又罰，可是人們還是不能向善，道德從此衰落，刑罰由此便建立了，而後世的禍亂也由此開始了。先生快回去吧，別礙我的事。」

伯成子高說完便一個勁幹活，再也不理睬禹了。

這又是一種得失。

賞罰來到世上，人們做事又多了一個功利目的，統治管理的人又多了一種治理世事的手段，人的自然天性，卻因此減退許多。

賞罰，是人類的一種進步，卻又是以人犧牲自己的善良天性爲代價的。

現代社會日益走向法治，人們的自然天性的成份就越來越少，一切都條理、法律化了。功有賞，罪受罰，這就是人們努力追求功利，而賞罰都同時通向功利的原因。賞是法律保護的功利，罪則是千方百計穿過法律網眼的功利。

因而，因賞罰而法制，一方面使社會繁榮，使人得到了法律的保護，而另一方面犯罪現象更見頻繁，人們的生命財產安全更受到威脅，這如果說是現代社會病，何嘗不是人類在進步中必然承受的損失！

認識人的這一得失，也是認識了人自己！

■笨拙

孔的學生子貢，以楚國回來經過晉國，在漢水南岸見一老人在菜地裡澆水。老人搶著水罐把水從水井裡舀出來，再澆到地裡。很費功夫，老人也很吃力，功效很小。

子貢看了便對老人說：「有一種機械，一天能澆一百畦地，先生為什麼不用這種機械呢？」

老人便問是什麼機械。

子貢說這種機械是用木頭作的，後頭重，前頭輕，從井裡取水非常快，也很省力。這種機械叫桔槔。

老人先是不高興，然後發笑說：

老師教導我們，有機巧的器械，一定會有機巧的事；有機巧的事的人，一定會有人工於心計。這樣，單純潔白的心便不再有了。要是單純潔白的心不具備了，心神不定，欲望橫生，就會作出良心喪失、道德敗壞的事來。你說的機械我不是不知道，而是覺得可恥。所以不去用它。

子貢很難堪，低頭什麼也沒說。

後來子貢對自己的學生說：

原來，我總以爲我的老師孔丘是天下獨一無二的人，看來不是這樣。孔丘說過，凡是要求合情合理，功業要求能有成就、用力少、功效高的，便是聖人之道。而澆菜地老人卻不是這樣。得道之人德性完備，他不爲世事庸俗的功利左右，他一心所求只要保天性純潔。他托生人世，和衆人一起生活，只求相安無事，和平共處。什麼心計、機巧、技術，對他都是對人的天性的破壞，都是通往墮落的可恥之門。

這種人，心懷寬大，超脫世俗評議，別人讚揚他，他也不高興，別人攻擊他，他也像沒聽見一樣。這樣的人才是眞正的聖人。至於常人，追求功效，嚮往虛名，顧忌別人怎麼說。實際都不過像牆頭草，最多也只能算是一個隨波逐流的人。

確實！文明歷史流動幾千年，所得所失，這一席話何嘗不是人性變化的一面鏡子：在這裡我們發現了自己的心性分裂。

6.不可讀死書

天地萬物的大道，是可以論說的，但論說出來的道，不同於客觀實際存在著的道。

給每種事物取個名字，由此可以稱呼它，議論它，但被稱呼、議論的名字，到底不同於經常存在的事物的名字。

無，是表示萬物開始的；

有，是表示物的母親的。

……

從實的概括、抽象，深入到虛的理論的微妙，是認識一切奧妙所必須經過的大門。

——老子《道德篇·1》語譯

世界上有兩本書。

一是現實的無字書，一是訂成冊的有字書。

人小的時候要多讀有字書，年齡增加，漸漸長成，就要會讀無字書，能獨立地去生活、創造。事實上多讀有字書，也是爲了更會讀現實的無字書。

有字書是寫書人寫成的，是過去的無字書。而現實的無字書，總是與人的現在生活聯繫在一起，無窮無盡。過去的總是過去，甚至已沒有生命力。現實生活才生動活潑。

若把寫過去的有字書當成現實的有字書，那就成書呆子了。

老子說：「道，可道，非恆道；名，可名，非恆名」，一方面說的就是有字書的作用有限，無字書聯繫著人的生活、工作、創造，因此才作用無窮。所以莊子對老子這個說法特別注意。

■做車輪子的道理

莊子曾講過「庖丁解牛」的故事，說殺牛師傅順著牛的形體結構，避實就虛，巧妙運刀，牛宰得好，他的刀也保養得好。

其實這個故事，也說明了人要會讀現實的無字書。

對於庖丁來說，現實的無字書就是他們每一條各個不同的牛，有字的書似乎可以說是廚師們習慣的宰牛方法。按照習慣的方法，無須深入觀察現實的牛體，只要猛割硬砍就成。這樣，庖丁宰牛吃力，刀子也壞得快。但庖丁不這樣，他的經驗，使他每一次對每一頭牛，首先在他心目中，已把牛分解得各就各位。所以，他解牛，對他自己是一種享受，對他的刀子，也無所損傷。

這就是庖丁會讀現實的書的好處。

莊子還講了一個「輪扁斲輪」的故事，也說明爲人或者施政，不可死守書本，一味聽從前人的說教。

這故事是這樣的。

某日，齊桓公在大堂上讀書。齊桓公是戰國時代很有作爲的地方諸侯。在齊桓公潛心讀書的時候，他請的一個做車輪的師傅輪扁，正在堂下拿著木頭砍砍削削地做車輪子。

突然，輪扁丟下槌子和鑿子，快步走到大堂上，不可理解地向桓公說：

「可不可以問您讀的是什麼書呀？」

桓公說：「記錄聖人言論的書。」

「聖人還在嗎？」

「已經死了。」

「既然這樣，那君王所讀的是古人經驗的糟粕了。」

桓公一聽輪扁這話，便很不高興，拉下臉說：「我讀書，你一個做車輪活路的手藝人，怎麼可以妄加議論呢？你必須說說清楚！有道理，那就算了；要是說不出道理，那就罪該處死！」

輪扁不慌不忙地說：

「我是拿我做手藝看的。我砍削輪子，要是榫太鬆了，就不牢固，榫頭雖是打進去，但很快就會滑脫出來。要是太緊了，榫頭就打不進去，或者乾脆打壞了材料。只有不鬆不緊才得心應手。」

「不鬆不緊說來容易，但實際做起來的訣竅是沒法說出來的。你說沒有訣竅，爲什麼我總比別人做得好，做得快，而且做起輪子來總比別人來得從容不迫？這當中竅門是實實在在有的。」

「而且，這訣竅我不可能告訴我的兒子，我的兒子也沒辦法從我手中接過去。我可以告訴他，這訣竅怎麼怎麼樣，但我說出的訣竅已不是什麼訣竅。因爲，做這門手藝的工匠都這麼說。大家都能說出的訣竅，算什麼訣竅呢？」

我活了七十歲，一輩子都在砍削車輪。古時候的人連同他們的那些不可言傳的訣竅，隨古人都死去了，我的訣竅是從我自己切身操作體會出來。這樣，君王忘記自己現實的操作，卻變成專心致志於古人的言論中尋找治國秘方，那得到的如何不是古人的糟粕呢？」

齊桓公默不作聲，心裡實在覺得輪扁說得有理，爲人處世，眞正的訣竅像酒，隨著人的行動一同出現，一同消失，說出來的大概也只能算是糟粕了，無非聞到一點酒味兒，讓人想像到什麼是酒。這就是書本的眞正作用。

■現實與書本

書本的作用如此，這不是把書上的知識看得一錢不值。只是說有字書一定要和現實生活工作的無字書結合起來讀，這實際也就是現代人說的理論與實踐相結合。但讀死書的人，死守教條，不知隨時而變通的人錯就錯在把死書與活書，即有字書與無字書分離開來，漠視活書、無字書，迷信死書、有字書，這就把本末顚倒過來了。

讀死書的人，或者整個世俗心理都犯了一個錯誤：他們求眞理，他們尋找成功的訣竅，不是到現實中尋找戰必勝，攻必克的依據，而是到書本上去找依據，認爲這樣就是獲得認識天地萬物的大道，就是取得了爲人處事的成功法則。其實，常常不是這樣。

書上寫的所有，不過是語言的集合。語言當然有它可貴的地方。語言爲何可貴？在於它有意義。但意義所表現的東西，又常常是語言無法表達的。

說「人」，什麼是人？張三、李三、王麻都是人。但我們說的人又不是張三李四王麻、終於我們仍沒有說淸楚人。但我們知道人是什麼，意會而已。世上萬事萬物，語言對它的表述作用僅如此。

語言，或者書本，僅僅指導我們對現實的意會，我們的知識、能力，僅僅靠對現實的意會得來。

但世俗卻常常不是這樣，而是代代相傳地認爲語言、書本可貴，並以書卷相傳授，這實在太本末倒置了。這樣，人珍貴的並非事物眞正可貴的東西。

儘管這樣，許多人還是朝這條路走下去，並認定這樣可以求得道。認定看得見的是形體和色象，聽得見的名號與聲音，道也是得到了！

眞可悲！形色名聲能表現道的眞諦麼？

眞實的是，得道的不言說，言說的卻不知眞的道。

世人知道這道理麼？或者知道：沈默是金。

或者知道：劉項原來不讀書。

現實才是一部奧妙無窮的書！

■本性

孔子編定了一套經書，在書中他把人的行爲舉止應遵守的禮節形式都規定死了，他並想把這套書藏到周朝王室裡去。他的學生子路給他出了主意說：「聽說周朝皇家圖書館的館長老聃先生，已經退休回家了。您想藏書，不妨去找他試試！

孔子說這個主意好。

孔子便去拜見老聃，但老聃不答應幫忙，孔子就用經書上的道理說服他。

老聃便打斷孔子話，說：「太繁瑣，說說大意吧。」

孔子說：「大意是仁義。」

老聃問：「請問，仁義是人的本性嗎？」

孔子說：「是的。君子不仁就不成其爲君，不義則不能生存。仁義，實在是人的本性。沒有它人還能幹什麼呢？」

老聃又問：「什麼叫仁義？」

孔子說：「內心和樂而平易，兼愛無私。這就是仁義的實在內容。」

老聃反駁孔子說——

您的話很危險！那兼愛，不是太迂腐了嗎？說無私，實際便是自私。

要想天下的人民不失教養嗎？其實，天地本來就有常規，日月本來就有光明，星辰本來就有序列，禽獸本來就有群居的習慣，樹木本來就有直著上長的本能。先生只消依著事物的本性去辦，遵循天地萬物的規律行事，這就足夠了。

打出仁義的旗號，就像敲著響鼓去尋找逃亡的人一樣，這不僅找不到，逃亡的人反倒躲藏得更深了。

鼓吹仁義，使人知道仁義，也懂得行假仁義，這不是把本來很善良、純樸的人性搞亂了嗎？

所以，作爲人不要在書本中迷失本性，也就要同時不人爲地製造一些說教和繁瑣規矩束縛自己，使人改變本性。

智慧的運用

1.知己知彼

從小的角度去看大的形體，總看不到它的全貌；從大的角度去看小的物體，總看不清它的面目。精，是小而又小的；垺，是大而又大的，所以有區別。這也是勢所必然的。精與粗，只限於有形之物；無形的事物，數量便失去意義；大得無法計量的事物，數量也就無限大了。

明白大道的人，就一定能夠明達事理；明達事理的人，就一定能夠通曉權變；通曉權變的人，就不會因為身外事物而連累自己，損害自己……天性藏於內心，人事現於外表，而道德表現天性。

——莊子《秋水》語譯

日常生活中，人們總愛說難得糊塗，實際上這說的是一種大智若愚的糊塗。然而，眞正難的是：難得聰明。眞正的聰明，看得穿，想得透，無所不知，識見自然與衆不同。所以，對小聰明而言，不聰明才是眞正的糊塗。但一旦到了小聰明之人某日突然醒悟，達到大聰明境界，自然會感慨：難得糊塗。其得是難得聰明。

■滿碗不蕩半碗蕩

俗話說：滿碗不蕩半碗蕩。

又說：半桶水兒蕩得很。

說的都是那種聰明不多，本事不大，卻自以爲了不起的人。何以至此，眼界限制了自己。若眼界擴大了，便不會如此。正像水一樣，滿滿一桶水，沈甸甸的，便很平靜。半桶水，蕩起來發現四周都是桶壁，「我好偉大呀！」便越蕩越厲害。自己限制自己，便是如此。

孔夫子說了這樣一句話：登東山而小魯，登泰山而小天下。腳下地勢不同，眼界便不同，眼中所見與個人胸懷便不同。就個人表現而言，了解局部情況，個人有一技之長，便沾沾自喜，自以爲了不起。如若知道天下的事情，人間的大道理，便會明白：強中自有強中手，山外還有高山在。於是，無須鄙薄自己，小看個人，但個人眞正是個明白人，永遠也不要洋洋自得。因爲那表現實在是不明事情的道理。

井裡青蛙與海鱉的故事說的就是這個道理。

井蛙對海鱉說：「我可快活啦，出了井，就在井台上蹦蹦跳跳；回到井裡，就在井壁的洞洞裡休息休息。我想到水裡玩玩，便頭往後一仰，就躺在水面上了，水便立即托著我的腋下和腮幫。回過頭來，再看看孑孓、螃蟹和蝌蚪，那就沒有誰能像我這樣了。我獨占著這一塊天地，據有了井中的全部快樂，活在世上，這種愜意也算到了頂了。先生何不進去看看，分享一點我的快樂呢？」

海鱉將信將疑，便試探著把一隻左腳往井裡伸，還沒有伸進去，右腿膝蓋便被絆住了。海鱉又半信半疑地把腳從井裡抽回，並把自己生活的地方，即東海的情況告訴井蛙：

「東海呀，千里之遙不能形容它的寬遠，千丈不足以量盡它的深厚。夏禹爲王時，十年澇了九年，海水沒有因此增多；商湯爲王時，八年旱了七年，海水也沒有因之減少。時間再長它也是那個樣子，也不因爲乾旱或洪澇，潮漲潮落便發生變動。這就是大海的快樂。」

青蛙聽海鱉講完，便大驚失色，深深地爲自己不知世上還有大海而慚愧。

■大河見大海

河神與海神的對話，談的也是這一道理。

秋天的汛期到來了，黃河水暴漲。無數的支流都往黃河裡灌，水流淹沒了兩岸的沙灘，站在河邊往河對岸望去，一片蒼茫，連對岸的牛馬都看不清。對此情景，河神得意極了，認爲天下景觀沒有比黃河漲水更壯了。他順流東下，來到北海邊，抬頭一望，便大驚失色，他看見了無邊無際的大海。他感嘆地對海神說：

「俗話說得好：懂得一筐道理，見人沾沾自喜，就是我這樣的人啊。以前，我聽說有人小看孔子的學問，竟輕視聖人的操行，開始我不相信。現在，我看到大海這樣無邊無際，我要不是到你的面前走這一遭，可就危險啦，我一定要被那些高明之家嘲笑了！」

北海神告訴黃河神說：

不井裡的青蛙，不可以跟它談論大海，因爲它受到環境的局限。夏天的昆蟲，不可以和它談論天寒地凍的情景，因爲它夏生秋死，冰凍對它是不可想像的事。現在，你從峻嶺與高原上走出來，來到了大海上，總算知道自己的老底子，這才可以與你談談大道理了。大地上，沒比海更寬大的了，它永遠吸收大小河流，從不止息；它從不自滿，也不空虛；它從不自以爲了不起，以此炫耀與自誇。它深知，海在天地之間不過像一個螞蟻洞在大海裡一樣。個人總是渺小的。孔夫子一類以談論天下來顯示自己知識淵博的人，他們誇自己了不起，不也像你以前誇自己洪流浩蕩一樣嗎？

河神說：既然如此，我以天地爲大，以毫毛與粉末爲小，可以嗎？

北海神說：也不見得對。物的容積大小是無窮無盡的，時空也是無限的。得失之事也常常是沒有必然性的，所以，起始與終結也不是靜止的。由於這樣，最有智慧的人對事物的遠和近都進行觀察，因而事小，也並不認爲少；事情雖大，也並不認爲多；因爲他深知物量是無窮的。

他對事物的道理，無論古今都要求證，因而事情雖然遙遠，也並不感到厭煩；雖然俯身即可拿到，也並不存在什麼非份的指望。

他了解事物盈虧的道理，縱然有所得，也並不感到高興；即使有所失，也並不感到憂愁；因爲得失常發生在偶然中。

從生到死，是人生的一條正常道路，生是樂事，死亦樂事——生命的過程與歸宿就是這樣。事物的始與終永遠不是靜止不變的。總體來看，一個人所知道的事物，遠沒有他不知道的事物那麼多。這樣說來，天地不能斷定是最大的，粉末也不能認爲是最小的。

■自知方能知人

海神還告訴黃河神，眞正偉大的人物辦事，從來不存心害人，但他也從不認爲他這樣做，就是道德如何高尚，心地如何善良仁慈，値得讚揚和歌頌。因爲人生來就應該如此。

所以，這樣的人物，平時他不謀利。對待那些達官貴人，他並不認爲他們尊貴，不過認爲這是一種社會安排，一種道理上的安排，或者是一種命運的安排。如何是道理上的安排？就是某人有出衆的能力和道德，他應當做大事，居高位，正如沒有什麼能力的人只能掃大街、端盤子一樣，但彼此都是人。什麼是命運安排？就是俗語說的，瞎貓碰到死老鼠，沒什麼本事、沒什麼德行的人，靠運氣、靠親友拉扯，占著高位厚缺。這種人哪一點高尚尊貴得起來呢！

眞正偉大的人物，對人一視同仁，守門的奴僕在他眼中也不卑賤。首先，他們也是正常的人，不過做的事簡單些罷了。就本領與道德講，他們當中未必沒有出將入相的人才，百里奚就是一個例子。他實際不過是一個陪嫁的奴僕，被送往秦國，後來逃到宛城。秦穆公只花了五張羊皮就把他買到手，他幫助秦穆公稱霸天下，諸侯沒有不拜服的。當然，這樣的例子很多。

然而，這樣的偉人本身也不過是平常人，正常人。不過，他能從人生來如此的眼光看人、看事物，不受世俗、勢利的習氣影響。這就是他偉大的地方，這就是看似平常實則偉大的人。

說到這裡，當知這平常的偉大者也不容易。人生如何不勢利，如何不受世俗影響？作生意的，物貨上街，便要隨行就市；出門在外的，也得入境隨俗，尊重地主。這本身不是尊重世俗，順從勢利。但這只是一層意思。還有一層，人總還有個根本的東西，那就是人本身，人的天地良心。這些東西常常看起來一點作用都沒有，但改天換地、正本清源、移風易俗與極惡極善都是它在起作用。這只要看看歷史就知道了。

順從勢利，小人得志，有時有日，甚至會時間很久，然而它終究還是要倒台的，看看夏桀、商紂就知道了。作生意，急功近利，欺騙朋友，也可得手。但路越走越窄，心越變越黑，金山銀海，最終不過是自己葬身的墳地。

為什麼這樣呢？大道理講來繁瑣，簡單的說：人善人欺天不欺，人惡人怕天不怕；惡有惡報，善有善報，不是不報，時辰未到。這裡天是誰？還不是人！不過是天性不滅的人。

懂得這些，便是：世事洞明皆學問，人情繚達即文章。如此是偉大的人了。

■以小人心，度君子腹

偉大的人，就是前面說的大聰明人、眞聰明人了，也就是常人說的君子。反之，就是小聰明，自作聰明的人。如果自作聰明者，自作聰明之外還有什麼見不得人的自私自利、損人利己、損公肥私的動機，那就是小人了。

如果用小人的算計推度君子的胸懷，那就要鬧笑話了。

惠子有一次就頗有小人之心。

惠子當時正當梁國的宰相，莊子去看他，因爲二人一向相處很好。莊子來後，有人在背後對惠子說：「莊子這回來，想取代你宰相的位置，您小心點！」

惠子一聽，很擔心。便下決心，先下手爲強，捉拿莊子，以除後患。硬是在全國搜捕了三天，終於沒發現莊子的影子。當惠子放下心來依舊當他的宰相時，莊子卻來求見。原來莊子並沒有逃走，只是藏起來了。

莊子對惠子說：「南方有一種鳥，名叫鵷鶵，您聽說過吧。那鵷鶵，是鳳凰一類的鳥。它從南海飛到北海，不是梧桐不棲身，不是竹子的果實不吃，不是甘美的泉水不喝。就在這時，一隻老鷹抓到了一隻腐爛了的死老鼠，鵷鶵從它的身邊走過，老鷹便緊張起來，抬頭對鵷鶵說：你想以拿走梁國相位來嚇唬我吧？老鷹把死老鼠抓得更緊了。」

聽莊子講完，惠子面紅耳赤，不知說什麼好。

還有一回，莊子在濮河上釣魚，楚威王派兩個大夫前來，帶著楚威王的親筆信，要請莊子去當楚國的宰相。兩個大夫客氣轉達楚威王的問候：「大王想拿我們國家的事麻煩您，請不要推辭！」

莊子只管自己釣魚，手裡拿著釣竿，眼睛盯著水面，對兩位大夫的恭敬與楚王的盛情，一點不動容。莊子說：

「我聽說楚國有一隻神龜，死了已經三千年了。楚王把它的遺體，用竹箱子裝著，用手巾蓋著，珍藏在廟堂裡。您二位說說，這只龜，是願意死了以後，留下骨頭讓人珍惜呢，還是寧願活著，在沼澤中搖頭擺尾呢？」

二位楚大夫：「那當然是願活著，在泥澤裡搖頭擺尾了。」

莊子便笑了，「那好，您們回去吧，我願意活著，在沼澤裡搖頭擺尾，自由自在。」

君子看重人，利於人的事才做，只有小人才忙忙碌碌，窮年累月掙扎在功名利祿的路上。

2.心病還須心藥醫

至樂無樂：至上的歡樂是沒有歡樂；

至譽無譽：最高的聲譽是沒有聲譽。

……

世事為何足以捨棄？生命為何足以遺忘？因為捨棄了俗事，形體就不至於勞累；忘卻生死，精神就不會虧損。

形體得到保全，精神就能夠復原，就能與自然合而為一了。天地是萬物的父母。二者交合便生成萬物的形體，二者分離又返回無物的原始。

形體和精神不受虧損，這就是隨天地變化而變化。精神修養到純精的程度，便能返回我即道、道即我、我與道合一的境界了。

——莊子《至樂》《達生》語譯

人不能沒有一點目的和願望，這是人生活與事業中的動力和壓力。但目的和願望，或者說動力和壓力，絕對不可以成爲自己實現目的和願望的包袱和障礙。說得通俗點，就是不要成爲自己的一塊心病。

■置之死地而後生

兵法上有這樣一句話：置之死地而後生。說的是在與敵人交戰時，將軍有意將自己軍隊的陣地和營地，安放在沒有退路的絕境。這樣，官兵們以爲自己已沒有活路了，只有拼死衝殺。即不指望吃了敗仗還有逃命的去處，也不想天兵天將會把自己救出火坑。只有打，一心向前地打。既然不能活了，命就要沒了。還有什麼牽掛呢？

所以這樣的軍隊打仗，心理負擔最少，當然最有戰鬥力。

韓信打敗趙國大軍，背水一戰採取的就是這種戰術。韓信大獲全勝，他手下的將領問他說：「兵法上說，行軍布陣，必須是右面與背後靠近高山，前面和左面臨近大河，你讓我們背著大河擺開陣勢，完全是死路一條，又如何讓我們取勝呢？

韓信便講出了類似以上的一番道理。

這實際是一個心理作用的問題。

心理的動力，使人克敵制勝是一個方面，但日常生活中，心理負擔，導致自身失敗，束縛個人聰明才智的事情，也多得很。

有位象棋愛好者，平常和別人下棋，談笑風生，出手極快，落子就像不加思索，周圍的人很少是他的對手。但到象棋比賽的時候，平常他可以讓邊車邊馬的對手，這時就可以把他殺個大敗。爲什麼這樣？因爲，他心裡老想著這個比賽，我一定要下好，心理極度緊張，思想放不開，聰明才智就發揮不出來。而在實際投子布局時，又前怕狼，後怕虎，猶豫不決，結果，終於讓自己打敗了自己。

這當然還只是一種娛樂，成敗無關緊要，而在人生事業的重要關頭，如此心理負擔，不僅束縛了自己的聰明才智，而且還成了自己奮力進取的絆腳石。

某青年，在高中時，是全校的高材生，文理科成績優異。可是一到高考臨近，便睡不著覺，還未臨場，就已緊張得不得了，每時每刻，腦子裡都是概念、公式、定理、解題方法，心裡與時間沒有一點空白，自己壓得自己喘不過氣來。進了考場，因爲心裡老想這是高考，一旦考不上我將如何如何。於是好的基礎，聰明的人，情緒一緊張，背上出冷汗，記住的概念，反應不出來，能解的題目，筆下沒了招數。最後高考放榜，只有名落孫山。

人做任何事，不可能沒有一種心理，但對於成功而言，人只需要有助於成功的心理，不要那種和自己過不去的心理。這就是常人所說的，要放鬆，儘量放鬆。要說這其中有什麼道理，那就是沒有目的，自然達到了目的。

■名聲與實事

名聲和實事，本來應是一對一的。有什麼實，就有什麼名，有什麼樣的內容，就有什麼樣的形式。二者統一於實事本身，二者不矛盾，也不分離。

如果要是分離了、矛盾了，那就是人的錯誤，那就要壞事情。像上面說的，那位棋手與高中生。名實相符，正常地發揮實際水平與能力，比賽取勝，考上大學，是順理成章的事。正如到了冬天，穿上棉衣；碰到豺狼，拿起獵槍，絕沒有錯誤。但一心想著名聲，想著功成名就將怎樣，不成又怎樣，於是，名改變了實，人就要遭到失敗。人的心理就這樣玄妙。

而一個撒謊的孩子，第一次高喊：「狼來了！」別人來救他，相信孩子天眞誠實的事實，結果沒有狼，人們被欺騙了。以後，狼眞的來了，孩子大叫：「救救我呀，狼來了！」再沒有人來了。因爲用謊言代替實事，孩子的名實不相符，人們不再信任他，他就要遭殃了。

所以，孔子對顏回去勸諫齊侯極不放心。他說：口袋小，不可以用來裝大的東西，繩子短，不可以用來提深井裡的水。同樣道理，性命各有所稟受，而成為形體，形體又與應得的性命相適應，不可人為地去增減什麼。顏回勸諫齊侯，必使齊侯深深反省，但齊侯肯定反省之後又得不到答案，於是必定懷疑顏回，那顏回豈不是要遭殃了。

孔子還對他的學生子貢說：你沒聽說過嗎？從前，有一隻海鳥落在魯國的郊外，魯王便去郊外歡迎它，並且還在太廟裡設宴招待它，還吩咐樂隊演奏九韶的樂章來供海鳥取樂，殺豬宰羊讓它大請大受。可是海鳥被搞糊塗了，很著急，既不喝酒，也不吃肉，過了三天便死了。

這就是把名與實分離開來，盛宴招待，演奏音樂，是對佳賓貴客的隆重款待，人貴禮重，這樣名實是統一的。用對人的實實在在的禮遇去招待一隻鳥，名目弄錯了，鳥不死又怎麼樣呢？

所以，莊子說，名的根本在於與實相符，義的施設全在與人的性情相適應，這就是情理通達，而福德在握了，不可離實而求名，也不可背名崇實，二者都會壞事的。

■身輕則心靈

說置之死地而後生，說不可爲名而忘實，爲實而背名，都是說爲人做事處世，不要給自己做一個精神包袱，使自己處處被動。正當的倒是應該放下包袱，輕裝上陣。俗話說福至心靈，似有些玄，但爲人做事如果身心輕鬆，聰明智慧確實可增加幾倍。

爲什麼輸光了本錢的賭徒，總是越賭越輸？因爲心裡只有錢，只想翻本，只想轉敗爲勝，再加上又氣又急，眼不清，心不明，自己逼得自己喘不過氣來，不輸得傾家蕩產才怪呢！

孔夫子曾和他的學生談過身心輕鬆，心地聰明的道理。

顏淵曾問孔子說，我曾在宋國一條河上乘船過渡，擺渡的人那駕船搖櫓的技巧簡直是神了。我問船夫說：「駕船的技術可以學到手嗎？」擺渡的船夫說：「可以，會游泳的人很快就可以學會它。要是會潛水的人，就是從來沒見過船，一上船，便自動地會駕船搖槳了。」我問船夫，這是爲什麼，他不回答我。先生說說好嗎？

孔子說，會游泳的人很快就能學會，這是因爲他們通水性，不把水放在心上。那會潛水的人，就是從來沒見過船，一下子就可以駕船，是因爲他看深淵就像地上的小山一樣，看待翻船落水這事，就像車子在地上退一樣。船翻也罷，倒車也罷，這在他面前太平常了，他根本不放在心裡。這樣，他在哪裡，在什麼時候不安閒自在呢！

拿瓦礫作賭注的人，心靈手巧；拿銀錢作賭注的人，便很害怕只輸不贏；拿黃金作賭注的人，更是心神迷亂。他們進賭場的技巧是一樣的，心理負擔不同，就是因爲對外物的態度有區別。凡是以外物爲重的人，內心總是昏聵的。

■心病還須心藥醫

從前有個人請客喝酒，他客廳的牆壁上掛了一張弓。喝酒時，那牆壁上弓的影子正好落在杯底，像一條小蛇。客人將酒喝完了，偶然瞥見杯底一條蛇影，便暗暗吃了一驚。回家以後，這位客人便越想越疑心，越害怕，竟生起病來。後來，主人知道這件事的原因後，向客人說明情況，客人的病馬上就好了。

這就是「杯弓蛇影」的故事，說明心病還須心藥醫的有名例子。齊桓公也曾經得過一次類似的心病。

那次齊桓公在沼澤中打獵，管仲爲他駕車。車馬行進著，桓公看見了一個黑影子。桓公便拉拉管仲的手說：「仲父見到什麼了？」

管仲回答說：「我沒看見什麼。」

桓公便懷疑自己碰到鬼了，回去也就生起病來。好幾天不理國事了。

齊國的賢士皇子告敖知道這個情況，就對齊桓公說：

「您自己多憂心，鬼怎麼能害你呢？那鬱氣要是散開來不返回，就會虧虛不足；心氣要是只升不降，便使人容易發怒；要是只降不升，人就會健忘；要是不升不降，積在心中，就會孳生疾病。」

桓公馬上說：「如此說來，眞的有鬼嗎？」

皇子告敖說：「有。爐有爐神，灶有灶神。院子裡堆著糞土，雷神就住在那裡。還有水神、山神，野外裡有引路神，沼澤裡有委蛇神。」

桓公立即急切地問：「請問，委蛇的形狀是什麼樣兒的呢？」

「委蛇呀，它有軸承那麼大，車轅那麼高，穿紫衣，戴紅帽。這種神靈，最怕聽到雷霆車馬的聲音。一旦聽到這種聲意，便會捧著頭站起來。見到他的人，只怕會稱霸天下哩！」

桓公大笑起來，說：「這便是我所看見的神呀！」不到一天工夫桓公病全好了。

為什麼？皇子告敖句句話都是衝著桓公講的，紫衣紅帽，那不是帝王之打扮嗎？稱霸天下，不是桓公的願望嗎？神靈顯聖，不正是天意！桓公需要的就是這個。

皇子告敖的話是瞎編的，桓公的心病正需要這樣的話安慰。

■有錢難買自主張

天下有諸子百家，許多學說，許多道理。固然是條條大道到長安，但從一個地方出發，到另一個地方，最近最安全的路只有一條，要自己去選定。

辦成一件大事，總會有許多主張，俗話說是「七個七張嘴，八個八張嘴」，重要的是腳踏實地，依情度理，自己拿主張。這就是：心裡有定盤星，行動便有好尺碼。

壽陵這個地方，有個年輕人應徵到趙國的都城邯鄲去當差。到了邯鄲，他發現邯鄲人走路的樣子很好看，心裡很羨慕，便跟著模仿，想學會邯鄲人走路的技巧。一段時間過去了，這位年輕人覺得自己怎麼也學不會邯鄲人走路的方法，而自己原來走路的技巧這時也忘得一乾二淨。很快，年輕人當差的期限滿了，必須回壽陵。因爲沒學會邯鄲人走路的樣子，自己原先走路的方法也忘了，就只好爬著回家了。

壽陵這個年輕人的可笑，在於太看重他人，不了解自己。不了解自己，也不能眞正了解別人，結果變成一隻糊塗蟲。

世上沒有聰明果，重要的是，雖賴聖賢指路，也不可失去自己的主張。

3.君子窮而不倒

那種順應自然的人，無論讚揚他還是指責他，時而把他譽之為龍，或者貶斥為蛇，他都會認定一切都能隨時間變化而變化，絕不肯偏滯於某一個方面。他或上或下，總是以同化萬物為量度，讓自己能在還沒有事物之先的混冥境界遨遊心性；他能主宰萬物，絕不被外物役使。

有聚會就會有分別，有成功就會有失敗，有棱角就會受挫折，高聳之物必有倒塌之時，有所作為必然有所虧損，賢能就會受到嫉妒，無能又必將被人欺負。免禍之法，莫過於順應自然。

——莊子《山木》語譯

俗話說：

窮人窮，一條龍；富人窮，一塌膿。

俗話又說：

瘦馬一壯亂跑走，窮人一富亂顛狂。

第三條俗語是——

酒肉朋友，烏合之衆。

第四條俗語說——

君子憂道不憂貧。

第五條俗語是——

易漲易退山溪水，易反易覆小人心。

五條俗語，各說明一種人情世態，但同時也都說明人要有點精神。能享得富貴，也能守得貧賤。環境好時是這樣，環境壞時依然這樣。如此做人，豈不善哉！

然而，人心似海，很多方面還須講究。

■君子之交淡如水

人與人相交，難得的是眞。眞誠相見，眞心相待。眞則平淡。懂得這個道理容易不過，而在別人的熱鬧起哄之中，失去眞，忘掉眞，迷於假，戀於假，更容易。因爲熱烈比之平淡更打動人。

孔子曾將這一問題請教隱士子桑雽——

我兩次被魯國驅逐出境，在宋國受伐樹的懲罰，在衛國被禁止居留，在陳國與蔡國之間遭到人們的圍攻，在東周也找不到出路。我遭了這幾次挫折以後，親戚與好友和我便一天天疏遠了，學生與知交也越來越遠離了我，這究竟是爲什麼呢？

隱士子桑雽說：

難道你從來沒聽說過殷國人林回逃亡這件事嗎？林回這個人在出逃時，連價值千金的璧玉都丟下了，背起嬰兒就走。有人就說：「你這樣做，是爲了得到錢財嗎？嬰兒能值多少錢！是爲減少拖累嗎？嬰兒的累贅可多啦！你拋棄千金之璧，帶著個嬰兒去逃難，這究竟爲什麼？

林回就說：「我和那璧玉是以利益相結合的，我和嬰兒是天然的聯繫。以利益結合起來的，窮困災難來時，就互相拋棄了；出自天性聯繫的，臨到大難來時，就會互相關照。互相關照和彼此拋棄比起來，相隔太遠了。並且，君子相交，平淡如同淸水；小人相交，甘美如同甜酒。君子相處淡泊就能相親，小人熱火相交也容易翻臉。至於無緣無故自然而然地形成的一種關係，也會無緣無故順其自然地拆伙。」

孔子立即恍然，說：「我明白了！」

於是慢慢地走回家，一路上反省自己，進門便決定，停止空洞的學問研究，放下沒有用的書本，跟弟子們相處，再不要他們打拱作揖。這樣一來，師生們的感情反倒更加眞摯、深厚了。

某一天，子桑雩告訴孔子，舜帝臨死前告誡大禹王說：「你要謹愼啊！態度要隨和，感情要率眞。隨和就會不離失物情，感情率眞了，就不會勞累神思。不失物情。不勞神思，就無須再用什麼繁文縟節來修飾自己了。而一個不尙矯飾的人，本來就是有力量的。

■君子窮而不倒

莊子穿著一身補了又補的破衣裳，鞋子也破得套不住腳了，只有扭了一股麻草將鞋子繫在腳上。就這副樣子，莊子去拜訪魏王。

魏王看到莊子的情景，便吃驚地問：「先生爲什麼會潦倒成這個樣子呢？」

「是貧窮而不是潦倒。讀書人有事業，有德行，卻實行不了，這就是潦倒。衣服破了，鞋子破了，是貧窮而不是潦倒。這就是常說的不遇時啊。大王難道沒見過那會爬樹，又跳得高的猴子嗎？當它找到了楠竹、楸樹、樟樹等高大林木，便能攀援著樹枝，在林中蕩來蕩去，既愜意又自如，即使后羿和逢蒙這樣的古代射手，也不能斜眼看它。這是它遇到適合環境時的情景。等到落到黃桑林、叢生的小棗樹，乃至楨榖、枸杞這類低矮的林木中時，那它就只有小心翼翼地步行，連眼也不敢正視。這並不是它的筋骨變得僵硬，不柔韌靈活了，而是環境不利，不能施展它的技能了。」

莊子說：現今，處在君上昏庸無道、臣下胡作非爲的時代，要想不潦倒，怎麼可能呢？在這方面，比干被剖心便是明證。

比干是什麼人？殷紂王的丞相，因爲紂王荒淫作惡，比干多次當衆勸諫他，他惱羞成怒，就找理由把比干送入監獄，挖比干的心，把比乾的身體砍碎。

君無道如此，君子守道也是如此。

所以，自古聖賢皆貧賤。但貧者賤者，聖賢還是聖賢。窮困的只是環境，貧賤的只是衣貌，而精神、骨氣還是聖、還是賢。

因此，貧賤聖賢，高貴者與之並列尤覺無尙光榮；無賴帝王，卑賤者與之並列，尤覺恥辱無比。可知君子窮而不倒。

■能富貴，也能貧賤

魯國國王想學習三皇五帝的學說，從事三皇五帝的事業，敬重賢能之士，親自去做一些實在的事情。想雖然是這麼想，但魯王又總是憂心忡忡，覺得自己安全沒保障，架子也拉不下來。

楚國賢人熊宜僚來魯國，看穿了魯王的心思，便建議說：「大王去南越吧。那裡的民風古老純樸，人無私心，人們行爲舉止很隨意。您去那裡，可以拋棄庸俗的念頭，修成大道。」

魯王著急了：「那兒山高路遠，沒有車船，我可怎麼辦？」

熊宜僚說：「不要以爲自己是國王，就放不下架子，也不要安於自己的高位就邁不開腳步。您本人不就是一輛用不壞的車子嗎？您的頭顱是車把式，您的體力是駕車的馬匹，您的雙腳就是車輪。」

魯王又擔心：「那地方很偏遠，又沒什麼人，我跟誰作鄰居呢？我沒有糧食、酒肉，吃什麼呢？」

熊宜僚說：「把您的消耗量儘量降低，讓您的欲望和俗念儘量減少，這樣即使您吃了上頓愁下頓，您也會把糠菜當成美餐。要把自己看成一個實實在在的人，既不要自視爲王侯，自己驕貴自己；也不要自卑自己成了平民，看不起自己的貧賤。這樣，富貴的日子能過，貧賤的日子同樣能過。如果富貴不會成爲自己驕縱的本錢，那麼貧賤也就不會成爲自己生活的負擔。事物發展，此一時，彼一時，本來如此。人才是根本的、永恆的！」

打個比方吧。兩條船並排過河，如果一隻船是空的，兩船碰撞，船上的人也不會發脾氣。如果那空船上有一個人，那船要撞過來時，這船就會讓開，船上人並且大聲喊，要那船上人注意。如果那船上人不聽，這船上人就會發出警告。再三之後，就會惡語相加。有人和沒人的區別就這樣大。原因就是想得太實了。把意氣、地位、物質這些身外之物拋棄，人不就成了一個很有修養的人嗎！」

■巧到盡頭是樸實

做什麼事情都有技巧，整個世界都充滿藝術。

這話是絕對的眞理。

不信？做工，有技術；運動器械，有技術；與人打交道也有技術……換一種說法，做工的，做成一件器物，精美可人，就一件藝術品；與人打交道，裡方外圓，弄得大家都滿意，這就是交際藝術，或者叫處世藝術。

正因爲世上的事情到處都是技巧，所在都是藝術；所以，們們總是努力提高自己的修養，使自己做工，能工藝精巧，處事，能把事情辦得周全圓滿。當然，也因此，有人做事過於求工巧，處世太工於心計，不是弄巧成拙，就是弄得人情很假。須知，巧到盡頭還是要回到樸實上來的。看看工匠們的雕琢就知道了。

衛國的大夫北宮奢替靈公指揮建造編鐘，隻三個月時間就完成了上下兩層鐘架，做得又好又快。

周大夫慶忌見到鐘架，很吃驚，便問：「你募捐來建編鐘，來錢就不容易，還要制作編鐘架子，別人半年方可做到你這個樣子，而你能事半功倍，究竟採取了什麼法術？」

北宮奢便說，任其自然罷了，也不敢施用什麼法術。他告訴慶忌一番話：

您沒聽說，「既雕既琢，復歸於樸」，雕琢的東西，還是要返樸歸眞。整個募捐籌款過程，我只是懵懵懂懂，一無所曉。來的人熙熙攘攘，紛紛擾擾，我對他們就像面對草木一樣，如痴如呆地送往迎來。來的人，捐多捐少，我絕不勉強；去的人，任其方便，一概不挽留。個性強不願捐錢的，任他們去；曲意順從，讓他們自己決定，我也不慫恿、褒獎他們。其實，我當然知道怎麼彈壓強梁之徒，也有表揚順從者的方式與言言，但我絕對不這樣做。因爲，如果這樣做，將有害無益。完任任人自覺自願，盡力而爲。所以，在募捐這事兒上，我雖早晚泡在其中，老百姓毫不受損害。

至於鐘架做得精美，我也是讓工匠們隨意而爲，沒什麼要求，也沒什麼束縛，大伙兒就這麼弄出來了。要說法術，這就是沒法術的法術，簡直不值得您來動問。我這個沒什麼知識的人尙知如此，那道德學問高深的人根本就不把這當回事了。

慶忌概嘆：巧拙之法，本來如此。

4.哀莫大於心死

在這天地之間，無物不生機勃勃地興起，也無物不自然而然地消亡。萬物因化育而生，亦因衰變而死。自然如此，但生物為死亡悲傷，人類為死亡痛楚。解除那天然的束縛，毀棄那生來的桎梏，該多安閒舒適！

人生是從無形到有形，又從有形到無形的過程，此人所共知，但不是要達到大道所追求的。一般人思考的就是如此。

明白的人不說，說的人不全明白。明找找不到，辯白不如沈默。奧秘不可聽人說，聽人說不如自己思量，這才真正有心得了。

——莊子《知北遊》語譯

好事等不來，主動追求總是人生必要的。然而，世人哪裡知道，一切在變，人亦在變，如是，對於操之過急，欲速則不達，無爲、坐等也是積極追求的一種方式。須知，許多做大事者，就是長於靜觀時變，無爲中而有爲。心中不想目的，常常更容易達到目的。

■順則安，順則利

要在無爲中有爲，道先就是順應事態發展，順，於己一身，可得安全，於事情本身卻可有利。

孔子在陳國與蔡國交界的地方受困了，七天揭不開鍋。他敲著枯枝，唱起神農時代的歌謠來。雖然他敲打得沒有節奏，歌聲也沒有旋律，但敲打枯技與近於念叨的聲音，樸實沈重，聽的人感到親切，很合大家的心情。

顏回很恭敬地聽著，頭扭過去望著孔子。孔子怕他自己寬慰以至妄自尊大，自我愛惜而又至於憂傷沮喪，便告誡他：「顏回，不受自然之傷害倒容易，不受人爲的好處卻難了。沒有哪一個不開始就是結局，人爲和自然其實是一致的。知道這些，就知道我的歌唱了！」

顏回便說：「飢餓乾渴，寒暑冷熱，窮困不通，這都是天地氣運變化，我們人能順著適應。比如爲臣的不能違逆君命，何況對待天地氣運呢？順其自然，便無損傷了。」

「什麼叫做不受人爲的好處難呢？」

「有的人一開始就百事亨通，有錢有勢，後來的好事跟著源源不斷。其實這樣的好處，並非自身爭取所得，而是運氣，是別人雙手送上的。君子不做強盜，賢人不當小偷，不屬於我的不要，而我偏去得到，爲什麼呢？打比方說，鳥兒中燕子最聰明，對於不適宜它安居的地方，它不會多看一眼；即使口中食物掉在那地方，它也會頭也不回地飛離。它害怕人，卻必定在人家裡做窩，是它認爲命根在人的房屋裡。命定的好運不可違逆，順著罷。」

「什麼叫做開始就是結局呢？」

「天地化育萬物，變化無窮，而人們不知造成遞嬗代謝的根本原因是什麼。這樣，我們怎能準確地說出它的開始，又怎麼能確定了解它的結局？我們只有順應天地與歷史的規律去做人做事！」

「什麼是人爲與自然是一致的呢？」

「人是來自大自然的，天地日月草木蟲魚萬物，也是來自大自然的。在人事中失去自然常態，那是個人修養的事，只有聖人心安理得地體察與順應自然的變化而終身不受禍害！」

明白這些道理，便知怎樣在行動上以屈爲伸，怎樣做才是百煉鋼化作繞指柔。

■只重衣冠不重人

無爲不是什麼都不做，無爲是不要勉強，更不要金玉其外，敗絮其中。中國人講實在，講含蓄，常說「破絮包珍珠」，「若要功夫眞，埋頭不出聲」；最討厭：牆上蘆葦，頭重腳輕根底淺；山間竹筍，嘴尖皮厚腹中空。不要把什麼都放在嘴上，不要一門心思放在外表上，也不要什麼事都耿耿於懷。

百里奚做了奴隸，並不把失去官位放在心上，所以他養牛，牛便養得膘肥體壯，使秦穆公發現他有特殊的見識與心胸，就把秦國的政事交給他。

虞舜年輕時，總是被後娘毒打，生活已沒有出路了。但他既不憂生，也不想死，仍然對母親非常孝順，乃至把天地都感動了，唐堯把女兒娥皇、女英嫁給他作妻子，並讓他管理天下的事。

這就是有意栽花花不發，無心插柳柳成蔭，心中沒有目的，更容易達到目的。如果不講實在內容，只求形式，那不過只是自欺欺人。

大儒魯哀公就是一位只講形式，念念不忘自己的學說與主張的人，這樣他實現的就只是表面的東西，並無實在內容。不過，魯哀公這人自我感覺良好。

莊子去見他，他很看不起地對莊子說：「魯國是儒士的天下，但很少有人信奉先生的學說。」

莊子不以爲然，說：「魯國眞正的儒士不是多，而是太少了。」

哀公說：「全魯國的人都穿儒服，怎麼能說少呢？」

莊子說：「我聽說，儒士當中戴圓帽子的了解天時，穿方形鞋子的知道地理；腰上用五色絲帶繫著玉塊的，行爲果斷。不過我想，有某種學問與技術的人不一定要穿起特殊服裝顯示自己；其實，穿起特殊的服裝不一定就有某種學問與特長。您本來就認爲道理應當是這樣的，那麼，何不向全國發一道命令：「沒有儒士這種道術而穿這種儒服的，處死刑。」

魯哀公按莊子的建議做了，果然五天以後，魯國就沒有敢穿儒服的人。只有一個男子站在公門之前，依舊穿著儒服。

哀公聽到報告，十分感動，立即召見此人，並向他問及一些國家大事。無論哀公怎麼巧妙地考問，他都能滔滔不絕地談論應對的辦法。

莊子說：「魯國這麼大，眞正的儒者就只一人，可以說是多嗎？」

只重方冠不重人就這樣蒙蔽人。

能做點什麼就做什麼，不可奢望太大、急於求成；也不可喪失信心，讓生命沒有一點創造的生氣。

■哀莫大於心死

正像顏回喪氣地對孔子說：先生步行，我也步行；先生快走，我也加快步伐；先生拍馬奔馳我也拍馬奔馳。這些我都做得到，但先生快馬加鞭，飛馳而去，我望塵莫及，就只好在後面乾瞪眼了！

孔子莫名其妙。

顏回解釋道，說先生走一步我也走一步，是說先生說什麼，我也跟著說什麼。我說先生快步走，我也快步走，是說先生在爭辯，我也在爭辯。我說先生在飛奔，我也在飛奔，是說我和先生一樣在談論天下大道。至於說先生快馬加鞭，飛馳而去，我望塵莫及，只有乾瞪眼，說的是先生雖然呆著，不說也不動，卻有威信；不用拉扯籠絡，能團結衆人；沒有一官半職，老百姓能高興地走向您，而我卻不知道這是為什麼了。

孔子聽罷顏回這一席話，便長嘆一聲，「你還沒有看清楚人嗎？人，最大的悲哀莫過於身子未死，而心已死了，沒有信心，沒有希望。太陽是從東方出來的，到西邊就要落下去了，這樣，萬物生長的方向就規定下來。比如人，等待太陽才能辦事，早晨起來勞作、趕路，晚上就要停下來休息。萬物都這樣，有待於造化而生死。在我，作為一個人，由於天地造化，使我獲得生命與形體，那我存在的意義就不是坐等死亡這一天的到來。我必須順應自然規律日夜更替，生生不息，生命延續同時相伴著勞作，但人不可能徹底地了解自己要走向哪兒。人人都如此，包括聖賢。

「從剛才你說的話來看，你大概只看到我那些明顯的優點。其實，各人都有優點。互相羨慕的優點與成功，都只是過去。既已過去，就已經不為你我所有，如果你要是把它當作實在的東西來尋找，那不是在圖畫裡的市場上去買馬嗎？但儘管如此，你又何必為這擔憂呢？舊我雖然過去了，我們還有沒有過去的東西存在著，那就是我們生氣勃勃的身心，我們為什麼喪失熱情，只作一個乾瞪眼的旁觀者呢！」

■螳螂捕蟬，奇鳥在後

是的，不能熄滅生命之火，既然造物主讓生命之火燃起來，好好地燃燒就是它自然而然的事。然而，在人的世界裡，不只有火；還有風，還有水。所以在生命之火燃燒時，既不要在功利面前忘了斜裡吹來的風，也不要在得意忘形時不提防劈頭蓋頂倒下的水。

莊周就為此事煩惱過一陣子。

那天他到雕陵栗園裡觀光，一隻奇怪的鳥撞了他一下，便落在栗樹林裡。莊子判斷，這怪鳥肯定發現了什麼獵物，要不然，怎麼撞到他都沒注意呢？於是，莊子趕緊跑過去，拿起彈弓窺伺著那隻怪鳥。

忽然，莊子發現一隻蟬，因為找著了一個很隱蔽的地方，既安全又舒適，正得意忘形。幾乎同時，一隻躲在一片樹葉後的螳螂，突然撲了上來，把蟬逮住了。螳螂因為抓住了蟬，正高興得忘乎所以，那隻怪鳥毫不費力地又把螳螂逮住了。可是那隻怪鳥也犯了一個錯誤：見利忘命。莊子正拉開彈弓瞄準了它。

就在這時，莊子心裡犯嘀咕了：唔，事物原來就是這樣互相連累，背後竟有這麼多隱患！莊子當即丟下彈弓便往回走，恰巧看園人來了，以為莊子偷了栗子，立即跑上前，把莊子狠狠地罵了一頓。

莊子回到家中，一連幾天都不愉快。他的朋友問他：「先生最近爲什麼不快活呢？」

莊子便把螳螂捕禪，奇鳥在後，後又有拿著彈弓的莊子，莊子後面又有看園人這件事講了，並說：「我們都只看見眼前，忘記了背後。我被那看園人狠狠羞辱了一頓，因此這幾天很惱火。」

5.智慧的由來

那在水裡行走，不避蛟龍的，是漁夫的勇敢；在地上行進，不避虎豹狼蟲的，是獵人的勇敢；白晃晃的刀子架在脖子上，視死如婦的，是烈士的勇敢；知道窮困自有命運主宰，了解通達有待時光，臨大難而無所畏懼的，是聖人的勇敢。

……

用恬靜來涵養智慧，智慧生成了而不拿智慧去應用，叫做用智慧保持恬靜。智慧和恬靜交相涵養，和順便會從本性中產生出來。所謂德，就是和；道，就是順。德可無不包容，這就是仁慈；道可行事順當，這就是義理；義理顯明，萬物親附，這就是由衷之情……

——莊子《秋水》《繕性》語譯

劈柴的時候，有人怕傷了手，輕輕鬆鬆地握著劈柴刀柄。這樣，使勁劈下去，刀柄震動，彈得這個人手掌生疼，不一會便震出血泡。一個會劈柴的人，劈柴的時候，總是用勁攥緊刀把，這樣柴劈得很快，手掌也不感到震疼。柴劈完，手掌也完好無損。

這事情很能說明生活與做人的道理。

在生活中，誰都希望自己成功，誰都希望自己有特殊的智慧，找到辦好事的竅門。莊子講了許多這樣的小故事，很耐人尋味，也很啓發人。

■專心則神

一次，孔子到楚國去，當他從一座樹林裡走過時，看見一幕神奇的情景：一個駝背男人，正在捕蟬。眞怪，這個人捕蟬，就像撿蟬一樣，手到擒來，蟬都像沒有知覺一樣，讓他逮著。

孔子說：「眞神呀！，您有什麼訣竅嗎？」

捕蟬人說：「啊，我可是有訣竅的哩！要練出我現在的手段，我要在竹竿的頭上迭兩個泥丸，使它們掉不下來。作這個訓練，我要花掉五個月。這個工夫練成了，捕蟬失誤的可能就很小。接著我又練在竹竿頭上迭三個泥丸的本領，這個本領練成，那捕蟬的失誤，就只有十分之一了。等到迭上五個泥丸也掉不下來，那捕起蟬來就像撿蟬一樣。這個時候，我捕蟬身心鎮靜，就像枯樹蔸子一樣，雙手也自然像枯樹枝一樣。天地雖大，萬物繁紛，但我心裡只有蟬的翅膀。我全神貫注，全不因爲外界事物的存在與干擾而放鬆對蟬的翅膀的注意。就這樣，蟬對於我爲什麼不手到擒來呢！」

孔子大受啓發，回過頭對他的學生們說：

專心致志，人可通神，這駝背老頭子就是這樣啊！

■入神者無敵

不知是什麼時候，天下興起了鬥雞這件樂事，鬥勝了主人便高興得很。但鬥雞的飼養很講究，甚至可以把鬥雞養得很神。

爲了在鬥場上取勝，周宣王請了養雞能人紀渻子替他養雞。

紀渻子接受了周宣王的邀約，便在鬥雞飼養地裡認眞訓練鬥雞。

紀渻子訓練鬥雞，特別注意鬥雞的神志。訓練鬥雞的勇敢、鬥法，在他的訓練活動裡，根本不算什麼。別人批評他說，勇敢、鬥法高，就可以克敵制勝，像你那樣注意神態有什麼，那完全是空的，只會誤大王的好事。

紀渻子也不作回答。

訓練了一段時間，周宣王已經等不得了，便問：「您訓練的雞，可以出場比賽了嗎？」

渻子說：「還不行哪，大王。它們還正裝腔作勢，憑意氣行事，那怎麼成。」

周宣王便捺下性子等，又過了十天，周宣王又去問：怎麼樣？

渻子說：「不行。它們對別的雞的聲音和形彩，還動不動有所反應。」

又過了十天，周宣王又派人來問。

渻子說：「還不符合不戰而勝的要求。它們經常表現得怒氣沖沖，眼睛總是噴射著怒火。」

第三個十天也過去了，周宣王親自問渻子來了。渻子這次如釋重負地說：「差不多了。現在每每臨場，別的雞雖然嗚嗚叫，它卻像沒聽到似的，無動於衷。看看它的神情，就像一隻木雞，它的精神與威力已經完備了。別的雞，現在只要看到它，沒有敢應戰的，望一眼便調頭逃竄。」

周宣王大喜。

話說到這裡，有了神威，不僅有一種一不戰而勝的威力，人何嘗不是如此。有些人，看上去貌不驚人，說話不多。然而每每臨事，泰然自若，成竹在胸，潛移默化中，他已氣色壓倒衆人。這種人，無論日常生活中，還是處在與對手談判的位置上，他總是給人一種威懾力。所謂胸如城府，所謂老謀深算，所謂穩如泰山，就是這種人的特點，也是其臨事的修養。他常常憑此戰勝對手，是生活中的強者。即使在最不利的情況下，他也能臨危不亂，從容退卻，使實力得到保全。這當然是生活磨練人的結果，也是人努力培養自己意志與智慧的結果。

一個初入社會的毛頭小伙子，或只懂書本知識，不諳世事人情的書生，開始總不免衝衝撞撞，鋒芒畢露。然而，事實給他的教訓是，讓他不斷碰壁，內心慪氣，事情辦不好。只有經過許多時光之後，他懂得了世界上的事兒是怎麼回事，懂得了人，他才會不再感情衝動，而又能順理順情把事情處理好。了解這一層道理，即可以使自己少吃些虧，早一點成熟起來。

■自然成性

人要培養某種能力和素質，既要努力追求，也要順其自然。比方說，在北方冰天雪地裡生活的人，大概極少不會滑雪的；生活在農村的人，除了幼兒，只怕也不會有分辨不出小麥與韮菜的。爲什麼?環境使然，自然形成的。

這就是俗話說的：近水知魚性，近山識鳥音。

孔子那次在呂梁遊玩，碰到的一個男子就是這樣。

那兒地勢高，水流落差極大。從高山上飛瀉下來的瀑布有幾十丈高，順勢奔流，遇石激浪，浪花飛濺開來達幾里遠。看著如此湍急水流，孔子認爲，只怕烏龜，鱉魚也不能在其中游動了。

就在孔子驚恐、讚嘆之時，他忽然發現一個男子正在水流中揮臂撥水。孔子又吃了一驚，以爲這人掉進急流，必死無疑了。於是，孔子立即喊了自己的弟子，趕緊順著水流的方向去救人。可是弟子們走了一段路，那人從水裡站出來了。他披著長長的頭髮，邊走邊唱著山歌，在堤岸下很悠哉游哉地走著。

孔子便跟上去，問他說：「我還以爲你是神鬼水怪什麼的，看清楚了，你還是個正常人呢。請問你蹈水有什麼秘訣沒有?」

那個男人說：「沒有，我哪有什麼秘訣呢。我只是開始於自然，慢慢地，許多時光過去，我又習慣於自然。最後，自自然然地在水中如平地一樣。我跟漩渦一起捲進去，又同漩流一道翻出來。我一起一伏，伸手抬腿彎腰仰頭，都順著水的路子去做，而不以自己的意願爲是，要說，這就是我蹈水的秘訣了。」

孔子又問：「什麼叫做開始於本然，遂長於本然，成功於自然？」

那男人便解釋說：「我出生在高地上並且安於高地，這就是開始本來的樣子；成長於水中又安於水中，便是遂長於習慣，形成自然；我不知道所以然而然，就是成功於自然。」

孔子喟然長嘆。

明白這些道理，便明白爲什麼讀書人中多書呆子，老農民節儉的原因。長期埋頭書本，多知大道理，忘記生活中的小事情，因此，生活上也只知大道理，不諳小人情，因而拙於生計，習慣成自然使然。反之，能如入水男人一樣，大道理結合實踐中的小事情，豈不神通廣大了。老農民一生勸苦，深知盤中餐，粒粒皆辛苦，亦知身上衫，幾度拋梭織將成。因而勤快，因而節儉、愛惜財物，依舊習慣成自然也。

但自然有有用的自然與有害的自然，知其道理與作用，向有利方面引導，正是生存之需要。

■出神入化

是非評價，是別人的事。

成功失敗，是世俗的觀念。

功名利祿，是身外之物。

什麼事情的存在，都有其自身的原因，成與敗當然也是這樣。做什麼事情，重要的事情本身應怎樣，而不是總是考慮別人怎麼看，考慮成功了別人又怎樣，失敗了別人又如何。管他呢！這叫走自己的路，讓人去說罷。

這是其一。另外，天地萬物之間，有沒有物物相通的道理，人心與靈性相通的造化神功呢？這又不得而知。因爲，所有的靈性與造化神功，都只在人心中，都只在人的創造中。

可以看到奇蹟發生，可以意會神功造化，然而，無法形容出來。魯國有名的工匠梓慶作鐘鼓的架子就是這樣。

鐘與鼓是朝廷必備的樂器，以備朝會之用。而安置鐘、鼓的架子，都要刻上天上神鳥神獸的圖像，懸掛在廟堂上，須極其逼眞與生動，又須處處有生氣，栩栩而見靈動。

高明的工匠都只能望而卻步，梓慶從容不迫地包攬了工事，去樹林裡轉悠轉悠，又回家比劃比劃，就這樣，並不費什麼力便做出來了。魯國的國君一見梓慶做成的鐘鼓架子，十分驚嘆，所有見到的人，都讚嘆是鬼斧神工。

國君見到梓慶，便問他：「你是用什道術做成這架子的呢？」

梓慶回答道：「大王，我是個一般手藝人，有什麼道術可言！不過，大王既然下問，我在做鐘鼓架子時，還是有些特別的辦法的。我從大王那裡接受了使命，便開始作準備。這時，我絕不損耗自己的精氣，一定要虔誠齋戒，讓身心純淨。齋戒三天後，便不敢考慮將來我這人會有什麼吉慶與爵祿的事。齋戒五天後，我就讓自己不去想人們的毀譽，以評判我手藝的巧拙。齋戒了七天，我便索性連我有四肢與形體的事也忘了。

「這時，我心裡既沒有朝廷，也沒有君王，把外界所有的紛擾都忘得一乾二淨，唯一使我專心致志的便只有技巧。於是，我開始進入山林溜踺，細心觀察樹木的天然形態。看到形貌軀幹恰到好處，適合於我去運作，這時，我腦子裡便形成了現成的鐘架與鼓架。是現成的，不是一個影子，如果還只是一個影子，那我還要在

人，必有所憑藉

1.有所成，必有所依憑

世上所有的人都稱讚他時，他也不會覺得歡欣鼓舞，世上所有的人都責難他時，他也不為之感到沮喪。

他能明確物我的分別，清醒地識別光榮與恥辱的界限，只是如此罷了。他對於世俗名利，並不急忙追求。即使這樣，他還是沒有建立起一種最高的逍遙自在的境界。

像那順應天地常道發展，駕御六氣的自然變化，來遨遊於無始無終、無邊無際的時空，他還要依仗什麼呢？

所以說，至人無己，神人無功，聖人無名。

——莊子《逍遙遊》語譯

人生，總歸難得逍遙自在。人要有所成就。必得有所依憑。

因爲人有欲望與能力。欲望要得到滿足，就得人去耐著性子，付出辛勤的汗水，在行動上忙碌，在時間上等待。能力要得到實現，也要等待時機，創造條件。於是，這其中人總有一種精神負擔。

懂得這一點，人們便可以在難得自在逍遙的生活中，去尋求自己身心的輕鬆。關於這點，莊子講了一個故事。

■逍遙者並不逍遙

莊子講的故事是這樣的——

北方大海中每一種名叫鯤的魚。鯤魚眞是一個龐然大物呀！在海裡游動，那身長有幾千里。鯤魚變成鳥，名叫鵬，鵬也是個龐然大物，身長數千里。它振翅高飛，翅膀就像遮天蔽日的彩雲。

鵬鳥總在六月大風暴來時，奮力向南海飛去。這一飛非同小可，兩個翅膀在水面上拍打的浪花飛濺到三千里之外的海面與陸地。鵬鳥騰空而起，強烈的旋風上升到九萬里的天空。

鵬鳥這樣個大無比，力大無窮，又能變化，應當是想升天就升天，想入海就入海，挺自在逍遙的。

但其實也不是這樣的。

一個簡單的道理，積水要是不深厚，那麼大船在水上就浮不起來。比如小碟子盛滿水，就只能浮起一截稻草。淺泛的泥沼裡，大船就無法行駛。

同樣，鵬鳥雖然力大無窮，翅膀可遮掩半邊天，如果沒有厚重的空氣，並且刮起強勁的颶風，那麼，鵬鳥也不能搏擊九天，飛往南海。

對於鵬鳥的這種能耐與對時機的等待，知了和斑鳩很不以爲然，很看不起。它們說：「我們可以隨意張開翅膀就飛，絕不要暴風吹送。我們飛時，隨便碰到一棵樹就停下來。有時也許還飛不到樹梢那麼高，那麼就落到地上，也挺滿意的。爲什麼硬要像你大鵬那樣，硬要直上青天九萬里，再往南海飛呢？」

無疑，知了與斑鳩自以爲是自在逍遙的，即無所依靠與憑藉亦無所追求。其實知了與斑鳩也不過自作聰明。它們哪裡知道這樣的道理：出門踏青，轉一轉，三餐飯的時間即返回，肚子當然還是飽飽的。到百里外去旅行的人，就得準備過夜的乾糧。去千里外旅行，就得花一個月準備錢糧了。這都是必要的憑藉。

■大知與小知的區別

所以，知識少的人比不上知識多的人的心胸抱負，年壽短的比不上年壽長的閱歷。這道理就像那些菌類，它們早晨有生命，晚上就死亡了，如何知道時光是晝夜交替的呢？也如同夏生秋死的知了，當然無法知道春夏秋冬的一年裡四個季節的變化。

楚國南方有一個大神龜，五百年對於它來說只是一個季節；上古有一棵大椿樹，把八百年當一個季節。它們如此壽命長久，自然閱歷無比豐富，而傳說中活了八百年的彭祖，人們以爲了不得，並想與他一樣長壽，比較起那神龜與大椿樹，也實在顯得想法與識見，太可憐了！

這樣看來，知了與斑鳩譏笑鵬鳥，也實在太無自知之明了。自然，大與小，大材與小材，眼光遠大與見識短淺的區別也就在這裡。

其實，斑鳩與蟬也不是完全無所依靠，絕對逍遙自在的。它首先得會飛，不會飛，何來飛上樹梢與牆頭的自在逍遙？而且，沒有誰給它提供樹梢與牆頭的條件，那神氣又從哪兒來？

■依靠就是條件

只要爲人在世，一切成功都取決於三要素：天時、地利、人和。或任憑藉其一，或占盡所有。

這是古代人眼中的條件。

講一位傳說中的得道者，他的名字叫列御寇。他是鄭國人，他道行非常，能騰雲駕霧。他飄然而去，神遊四方，逍遙極了，自在極了。

他每次出遊，飛越千山萬水，並無跋山涉水，長途勞頓之苦。他心裡所思所慮，既不求人世功名，也不要神靈護佑，賜予福祿。

然而，他仍須依靠。每次他飄然而起，必須借助風力。沒有風，他就要等待風起，起風了他便乘風升空。

人生事業正同此道理，世俗之人，哪怕做成一件小事，也不能擺脫這種道理。

所以，商朝的開國帝王商湯，有感於這一道理，便問他的大臣棘。

商湯問：「上下四方有極限嗎？」

棘曰：「無極之外，還是無極！」

——這就是說，人的期待，依靠是無限的。

商湯：鯤鵬展翅，一躍九萬里。它飛起時，捲起力量巨大的羊角風暴。它的翅膀遮天蔽日，它的背部厚實有如莽莽蒼蒼的泰山，蘊蓄著無窮無盡的力量。它有自己直奔南海的目標，它還期待什麼呢？那小水池中鷃雀譏笑鯤，也不無道理。騰躍飛升，幾丈高便輕鬆快活地落下來。如此快活，還須等待什麼依靠呢？

棘：這只是大小的分別啊！它們能超越風嗎？

大有大的依靠，才可能實現大。

小有小的依靠，才可能實現小。

世界上任何一種事物都如此，現代人稱爲：時間、地點、條件。

人生也是如此：希望、等待，條件具備了，有所依憑，人們便可做成某事。

衣食住行是根本的；

功名事業是遠大的；

許許多多的，能說出口的和不能說出口的嚮往、憧憬；

……所有，所有。都必須依憑條件才能實現。如此，一環一環，構成人生。

了解這一點，便知道充分理解人生期望與等待；明白這一點，便會自覺而極大限度地利用環境與條件。

退一步，又有一層道理：

進是實現，人的願望，極強，極強；
退是自保，人的情趣，極淡，極淡。

2.放棄目的，退一步

說聖人清靜無為，不是說清靜無為好，所以才清靜；而是說，萬物都不足以擾亂內心，所以才清靜。

水清靜，鬍鬚眉毛便可照得一清二楚。水的平面能合乎標準，所以最高明的匠都取法於水。

水清靜則明澈，何況人呢？聖人的心可清靜，它是天地的明鏡，萬物的明鏡。虛靜、恬淡、寂寞、無為是天地的根本，道德的本質。

能持清靜，則恬淡無為；恬淡無為，則什麼事都盡到責任了。

——莊子《天首》語譯

無論鯤鵬、斑鳩，或者知了，無論一躍九萬里，還是一飛數丈高；只要是飛起，都要有所期待，有所憑借。這是不是說，人永遠也不可能進入逍遙自在的境界呢？

也不是的。

一切在於目的。

■無己無功無名

目的有身內的，身外的。

身內的目的，知天達命，不求身外之物，人便活得自在逍遙。

身外的目的，刻意強求，爲名譽，爲金錢地位所累，欲壑難填，人間毀譽無窮，如何顧及得了。然而，人間自有逍遙在，那就是——

莊子說：至人無己，神人無功，聖人無名。

莊子這話怎麼理解呢？什麼「至人」「神人」「聖人」，當然不是神話裡的神仙，莊子指的不過是品格修養極好的人。這種人明白爲人處世做事的最高道理，在他的心目中，沒有自己的私利，自己和他人打成一片。在利益上，我就是他人，他人也就是我。

在至人、神人、聖人，人生無非生活工作。事業成功了，也不特別喜悅，因爲這是正常的結果。正如種瓜得瓜，種豆得豆。瓜熟蒂落，水到渠成，一切自自然然。失敗了也不悲哀、絕望、因為事情有成敗之理，因此，失敗常在事情發展的可能之中。這樣，人超越了成功失敗的困擾，那剩下的就是人心安理得的生活與工作。這樣看似無所作為，但人生在世最根本的東西得到了保證。生活本身就是人的作為。

由於無已、無功，也便無名了。社會發展，有許許多多的人做出了轟轟烈烈的事業，做出驚天動地的壯舉，因而獲得巨大的名聲。這使那些人突然之間身價百倍，那光彩、那地位一下子超出了常人。這也使一般沒做出大事業、獲得大名聲的人羨慕不已。於是，在社會生活中便出現利己、求功、求名的事情。這對於社會歷史的發展，有必要的一面，但也有不好的一面。人要名，就必然地在出名前為強求出名而苦惱，出名後，又會被俗語說的「人怕出名豬怕肥」的麻煩困擾。

■人，生而平等

而實際上，人生在世，張三、李四、王五、何六生來是平等的。造物主並沒有讓誰光彩照人、名氣壓人，也沒有讓誰低三下四、可憐兮兮。成功了，做出大事業，有了大名聲，還是人；沒有做出大事業，默默無聞，也依然是造物主的可愛兒女。這樣看來，追求名聲常常使有些人失去人的天然美好的本性，將純潔變成蕪雜，把天然扭曲為造作。名聲的壞處就顯而易見了。品格修養極好的人就是能不把名當一回事，恢復人生來那種自然、單純的狀態。這就是聖人無名。

能做到無己、無功、無名，心靈無困擾，行為自自在在，人活著也就自由、逍遙了。這樣當然是一種大智慧、眞深刻。

按照這個道理，莊子認為宋榮子這個人差不多就是一位這樣至人無己、神人無功、聖人無名的人。

當全社會都稱讚他時，他既不沾沾自喜，也不歡欣鼓舞；當衆人一致責難時，他也不慌張、不沮喪。

對那些有才能勝任一定官職，做事能給老百姓帶來好處，甚至有的還可以當一國之君，並取得老百姓信任，但又自視甚高、洋洋得意的人，宋榮子很看不起。他認為這種人，像小鷃雀一樣無知。

但莊子認為宋榮子這樣還不夠。他——宋榮子還只明白什麼是我需要的，和什麼是身外之物，還只淸楚地辨別了關於光榮和恥辱的界限，如此而已。宋榮子這個人還是有一個大毛病：瞎操心，管閒事。還沒有達到逍遙自在的境界。

這裡莊子談宋榮子的情況，道理說得有點玄。人是人的世界，人生世上怎麼能不爲旁人的事有所思，有所想，有所評價呢？

這是一方面。但爲了保持自己平靜、自然的心態，有時人們也確實需要一種無己、無功、無名心態。莊子這樣說，從一方面看，肯定很有道理。因爲對身外的名聲、事件、功利的關注，都是從一己進入開始的，這當始有私欲在其中。

把莊子這樣至人無己、神人無功、聖人無名的人生境界，放到我們現實的人生拼搏中，深刻的道理不說，在爲人立身上，實在是一種知進知退、達觀透徹的處世藝術。

■放棄目的，不亦樂乎

現代人並不講什麼聖人賢人了，功利、名聲不斷召喚人們去奮鬥。得意者，自可成功成名，做一番事業，但失意者常常不斷發生不幸。

競選落榜者，終日怨天尤人，自己和自己過不去。

一些愛好文學的青年，天天信心百倍地爬格子，而編輯部偏偏不慧眼識人，退稿也源源不斷地回到做「作家夢」的年輕人手中。月復一月，年復一年，稿子變不成鉛字，「作家夢」成為一個「噩夢」。功不成，名不就，困擾猶如一條繩索，日益勒緊了做夢者的脖子。於是，報刊上，朋友言談之間便傳來：某某燒了所有稿子，自殺了。

又，年年大學招生考試，引得無數中學生勤奮苦讀，指望一朝中榜，不負十年寒窗之苦事小；上個大學，求個出路，找個理想的工作才是人生的根本。但能上大學的幸運兒，終究是少數，落榜者多如秋風落葉一樣紛紛紜紜。但這之後也時有想不開者，結束年輕的生命，走上輕生的道路。巨大的希望，變成巨大的失望，又變成巨大的悲哀！

如此種種，從莊子至人無己、神人無功、聖人無名中吸取處世立身道理，何至有不幸與悲哀。

人生本來應是無己、無功、無名的。有所追求，有所成功，只表明人在生活。這樣，能有所成，不過順其自然，倘不能成就，對人來說，人還是人，故我依然，何必一條死胡同走到底！

死結解開，退一步想；目標放棄，換一條路，從困境中自我解脫出來，那不也是一種逍遙自在了嗎？

3.人才的眼光

不埋怨不足，不誇耀成就，不憂慮世事。像這樣的人，事有差錯損失，並不懊喪追悔，事情順利得手，也不自鳴得意。像這樣的人，登上高山也不覺膽寒，掉進無底深淵也不覺濕身，投入大火中也不覺燙熱。這是進入了大道境界，超越了安危死生界限。

——莊子《大宗師》語譯

■貨賣識家

貨賣識家，才能賣出好價錢。一種才藝，爲世所用，何嘗不是這樣！

現代社會，中國有一個著名的數學家，大學畢業，分配到中學教數學。天生不是這塊料子，茶壺裡煮餃子，肚子有貨倒不出來。數學教得一塌糊塗，自己也感到這日子，越混越沒意思。是他老師了解他，把他調回大學，專搞數學研究。後來研究的成果，人稱「哥德巴赫猜想」，轟動世界。

還有一個古老的故事：和氏璧。

楚國有個叫卞和的人，在大山裡得到一塊玉石，獻給楚厲王。厲王派專家去鑒定，專家不識貨，說不是玉。厲王大怒，說卞和欺君，砍去了他的左腳。厲王死了，武王登位，卞和又獻上玉石，武王也認爲他欺君，又砍去了他的右腳。直到楚文王即位，卞和抱著玉石在荊山下痛哭，楚文王便派人去問原因。卞和說：我不是爲我失去了雙腳而悲哀，我是悲哀寶玉被人說成是石頭，忠貞的人被誣陷爲說謊者，天下之大竟沒有識貨的人。

文王便派人把玉石外面的石頭鑿去，加工出來的果然是塊價值連城的美玉。這玉又加工成璧，稱爲和氏璧。

■無用變有用

某日莊子閒暇無事，他的好朋友，梁國的宰相惠施又得閒空，二人湊到一起，談一些人生在世的道理，也談了一個同類的問題。

惠子對莊子說：

「魏王送給我一些大葫蘆種子。我就把它種下了，後來結出的葫蘆足以裝下五石谷子，眞是夠大了，人們都不曾見過。然而這葫蘆又沒什麼用。用它作水具裝水吧，那葫蘆外殼又不堅固，一提舉葫蘆就破了。把它鋸開做水瓢舀水，沒有一口水缸能把這水瓢放進去。

「看來，這葫蘆是不能派上用場了，我把它打破了。」

莊子搖搖頭，講出另一番道理。

您老先生實在不會用大物件了！宋國有個人會配制凍瘡膏，他家世代都靠漂洗絲絮爲職業。有一位客人聽說宋國這個人有這麼個秘方，就上門請求用一百斤金子來購買他的藥方。

宋國這人就和家人商議：我家世世代代漂洗絲絮，只不過賺得幾兩金子，現在賣出技術，一下子可得一百斤金子，何樂而不爲。就賣給那位客人了。

那客人得了這藥方，就拿著這藥方去遊說吳王，說它在軍事上用途如何如何的巨大。那時正好碰上越國興兵侵犯吳國，當時天寒地凍，吳王就派那客人率領軍隊迎敵。因爲是水戰，那客人就給士兵都配帶防凍藥物。結果，吳軍將士凍而不傷，終於打敗了滿手凍瘡的越軍。爲獎賞客人，吳王劃分土地封賞了這位客人。

「防凍藥方能不凍傷手腳，在誰的手中都一樣的。有的人能因它割地封官，有的人卻不能從漂洗絲絮中擺脫出來，這就是用法的問題了。現在你有五石容量大的葫蘆，為什麼不掏空它作渡船，然後坐上這條奇特的船，到五湖四海去遊玩呢？偏要憂慮它大而無用，可見老先生真是有點不開竅哩！」

一種才具，有用和無用，還得看在誰的手中。能用才的，無用可變為有用；不能用才的，有用的也變無用。

■無用之大用

這是一種情況，還有眞正一無所取，確實無用的材具。莊子認為，那更是大用材。這問題也是惠施提出來的。

惠施告訴莊子說，他有一棵臭椿樹。這棵臭椿樹，雖然又高又粗，但全身長滿疙瘩，怎麼看，都不符合木匠的要求，取不下又長又直的材料。它的樹枝也派不上用處，彎彎曲曲，按規矩來取材，又很難取得圓或方的木材。所以這棵臭椿樹，雖然長在大路邊，木匠們閉著眼都會碰到它；但懂得的木匠師傅們，看都不看它一眼。

講了這些，惠施就批評莊子說：「眼下你的言論，實在空洞得很，聽起來像有道理，但一點都不實用，所以大都鄙棄你。」

莊子立即糾正惠施。那大臭椿樹怎麼沒用呢？把它種植在寂靜無爲的土地上，身後是廣闊無邊的曠野，然而自己反背著手，無憂無慮地在樹底下散步、休息。這樹雖然無用，既作不了棟樑，也作不了家具，甚至小擺設也雕刻不出來，但正是因此，它不會被工匠攔腰砍斷，又被鋸子橫豎分割，斧頭左右砍削，別的什麼東西，也不能侵害它。

這樣，它沒有工匠利用之處，但因此保全了自身，安然無恙。這比起中途夭折，難道不也是自身賣出了好價錢！

按照莊子這種處世方法，中國有句古話挺有道理，也挺辯證。這句話說：籠雞有食湯鍋還，野鶴無糧天地寬。那些爲惡人賣力做事的人，雖然看上去是於社會有用，但日子過得提心吊膽，或者表面平安，背後充滿凶險，豈不是很像籠中的雞嗎？像封建時代文武大臣，效忠皇帝，拿著皇家的俸祿，爲官作宦，榮耀得很，可算是有大出息，人生派上了大用場了。但許多皇帝昏庸無能，無法無天，這樣大臣的性命也就攥在皇帝一人手中了，與籠中的雞並沒有兩樣。

屈原投江，岳飛問斬，世人感嘆；

秦檜逞奸，劉瑾弄權，世人仍然感嘆！

感嘆「買貨人」有眼無珠。

相比較，隱士不作官，平民百姓，不求功，不求名。沒人發現，也沒人抬舉，平平淡淡過一生。

像野鶴一樣在天上飛，像野鶴一樣在地上走。大地生糧食，江河供水飲。人生來就這樣，本來也該這樣。

生身是父母，生死在自身。

夭折多血淚，天年平安，何嘗不是人生大價值！

4.養生之道

……善於養生的人，就像放牧羊群一樣，要看準那後頭的羊甩鞭子。

……單豹能養全自己的內心卻被老虎吃了身軀。張毅能保養自己的形體，被病魔攻垮了內心。這二人都不能克服自身的毛病。

……不可深入潛藏，不可突出張揚，要於無心中像枯枝獨立。做到這三點，名聲必定至極。害怕路上不安全的人……父子兄弟互相警戒，要多集人馬然後才敢出門，這樣也算是夠聰明了！

然而最可怕在枕席上，飲食中……

——莊子《達生》語譯

■養神

說到無用之材，反可保自身，進一步，對人來說就是養生之道。

現代人練練太極拳，做做氣功，逛逛公園，乃至有條件的，名山大川遊歷，療養院靜住安養，或者吃補藥，找朋友神聊，這都可謂是養生之道。

但這還只是行爲上的，且只是有閒的老人才能如此。所以，這些養生之道作用太小，適應範圍也不大，不能說是根本的。

根本的是什麼？

芸芸衆生，多少欲望，多少追求，多少行動？

欲望太多，則自我困擾。

追求過分，則違背常情，使自己變得孤獨。

行動太強烈，則形容憔悴，身心勞損。

這樣，根本的是要明理——明白人生世上活著的道理。

就欲望與追求說吧，比如追求知識——

我們的生命是有限的，而世界無限，知識也是無限的。拿有限的生命追求無限的知識，生命常不知不覺地被世界時空吞沒，其危險不說也很清楚。比如許多英年早逝的學者。

何況追求權勢、金錢呢？

所以，莊子嘆息說：

算了吧，一味追求知識的人，眞是太危險了！

做善事必定和名譽沾邊。

做惡事勢必受刑戮懲罰。

一切遵循自然而然的道理，習以爲常，人便可以保住自身，可以讓性靈平穩，可以不斷頤養生機，使生命完成自然過程。

這才是最根本的養生之道。

■領悟自然之道

爲說明養生之道，莊子還講了「庖丁解牛」的故事與道理。

一個叫庖丁的廚師爲梁惠王殺牛，牛殺死了，他又把牛段成碎塊。

這個庖丁分解牛很特別。他的手掌觸及的地方，肩膀倚靠的地方，腳掌踩著的牛的部位，以及膝蓋頂著的牛身段、牛軀體都發出嗶嗶的聲響。庖丁刀子一捅進去，便又發出嘩啦啦的響聲。這響聲不僅好聽，有節奏，而且既合乎商國開國君王商湯時代的《桑林》舞曲的旋律，又合乎唐堯時樂曲《經首》的節奏。

梁惠王看著庖丁解牛的情景，讚嘆說：

「啊，眞是美妙極了！你的技術怎麼達到這種地步呢？」

廚師放下刀子回答梁惠王：

我這個人喜歡加強自己有關事物道理方面的修養，在一般的操作技術上還琢磨一點道理。就說我宰牛吧。我開始做這活兒的時候，睜眼所看到的，沒有哪一頭牛不是整個的一頭牛。三年以後，牛在我眼裡，就再也不是整頭整頭的了。牛牽到我面前，都只是一些骨節、肌肉、經絡、腠理了。到現在，我只用精神和牛接觸了，根本不用眼睛去看。解牛時，我的感覺器官的作用停止了，精神目的準確地活動著。按照牛身體的天生的組織結構，把刀砍進那筋骨相連的大縫隙，又伸向那節骨間的大空竅，整刀的起落進退，完全按照牛體本來結構運轉，就連那牛體上經絡相連的筋肉糾結的地方，都沒讓刀子去碰一碰、試一試。至於堅硬的、容易碰傷刀口的大骨頭，刀更是挨都未挨一下。

好的廚師一年要換一把刀子，因爲刀口缺了，不能再用。一般的廚房師傅，一個月用一把刀子，因爲刀子折斷了。

如今我這把刀子用了十九年，所宰割的牛已達幾千頭了，但刀口依舊鋒利、完好，就像初買回剛在磨刀石上開好口一樣。

爲什麼這樣？

那牛的骨節總是有空隙的，而我的刀口卻薄得幾乎沒有厚度。拿沒有厚度的刀刃伸進那有縫隙的骨節中去，那寬綽得很，游刃有餘。正因爲這樣，所以我的刀子用了十九年，還像剛買回來初開口那樣。儘管這樣，每當在筋骨交錯、肌肉聚結的地方，我知道不好對付，便特別小心細心，視線因此高度專注，動作也因此變得從容、緩慢了。這樣，刀子下得非常輕，而牛體已經給嘩嘩地剖割開來了，攤開來就像撒在地上的土塊砂石一樣。

庖丁說：「到這時，我便提著刀子站起身來，爲這小小的勝利，我高興得四處打量，旣悠然自得，又心滿意足。然後，我擦好刀子，把它收藏起來。」

梁惠王驚喜地說：

「妙極了！聽了廚師這番話，我懂得了養生的道理。」

■不可傷害自身

梁惠王說懂得養生的道理是什麼？

遵守規律，順應自然；不可亂吃亂喝，不可放縱情欲，讓日子過得心平氣和，使身心不受傷害，人生獲得最大的保養。

這就是內養其心，外養其形，不可偏廢，不可有所缺漏。否則，就要出亂子。因爲，人的身體，也是一種自然。這種自然如果有缺漏了，就像天地自然一樣，或洪災發作，或旱災作威，人體便要出毛病，甚至災難。

周威公曾向田開之這個學道的人請教養生之道，田開之謙虛了一番後，便告訴周威公：

「我的老師這樣告訴他的學生說，善於養生的人，就像放牧羊群一樣，鞭子只向羊頭揮動。」

威公便請田開之進一步指教。

田開之便舉了一個例子。

魯國有個叫單豹的人，他靠著山岩落戶，喝著清亮的泉水，和別人沒有利害衝突，因此，他到七十歲時，還有嬰兒那樣鮮嫩健旺的容顏。可是他不注意從外部手段上保全自身，結果，他不幸碰到一只餓虎，他不跑，也無力抵抗，老虎就咬死了他，吃了他的肉。

還有個叫張毅的人，無論窮人還是富人，都對他很恭敬，見了他總是老遠就跑上前，向他表示敬重之意。可是他不注意身體內部機能的健康，到四十歲便患上了內熱病，結果便死了。

單豹能修養內心，卻被老虎吃了，張毅會健全四肢，卻讓病患攻入心腹，這兩人都是不注意自己身心平衡，使自然肌理失調。

怎樣眞正獲得養生之道，孔子說是不要自我壓抑，也不要一味強出頭，在這兩者之間獨立，要像一根枯枝一樣自自在在。作到這三點那就沒問題了。

爲了保全自身，比如出門，一人出門被強人殺害，大家便立即警惕起來。從此出門，結伴而行，人馬越多越好，這就十分聰明了。這當然是保全生命自然的辦法。

由上亦可知，練氣功，打太極拳，本身也得順其自然。這就是要精神入靜，心心氣平和，萬慮全消。如此，從容進入境界，生命即與天地日月一氣，生機亦於其中汨汨而萌動。如果雜念橫生，勉強爲之，練拳則拳不能精，練功則功不能成。並且功與氣亦爲一種外力，不能爲人用，則必傷害人。這就是違背自然，自找傷身刀斧。

然而，養生之道，最重要的還是，在枕席之上，飲食之間，最可怕的傷害也在這裡。不知爲這而警惕，當然是大錯特錯。

5.人生九九而歸一

賢愚千古知誰是，
滿目蓬蒿共一丘。

——古諺

道生一，
一生二，
二生三，
三生萬物，
……
看而不見的事物，人們稱之為微小；
聽而不見的事物，大家叫它作稀薄；
摸它不著的事物，就稱它為平曠。

三者都不可精確計量，
歷來就是渾然為一。

《老子·42·14》語譯

■人是人世界

人是人的世界。

這是說作爲一個人生活在人世上，他人對你好，對你不好，與你有恩情，與你有仇怨，與你做朋友，與你成敵人，總之你身外之人，構成了你生存的世界。沒有他們你也難以存在。

就人間的是非曲直，人們好惡成見說，某人說某一事物行，是基於人們都認爲行；說不行，是基於大家都說不行。

路是人們經常在上面行走，才踩出來的，世界上本沒有這個東西。事物叫什麼，是大家千口一詞的稱呼，才有它的名稱。

評價是非，說是，也是因爲大家都認爲是。爲什麼說不是，是由於人們都不以爲然。

事物存在，本來都有可以認爲「是」的方面；事物本來也都有認爲「可」的方面。沒有什麼事物不能認爲是，也沒有什麼事物不能認爲可。

爲什麼？因爲世界事物太複雜，內容也太豐富了。所取的角度不同，評價也就不同。如果所取的角度相同，評價或許相同，或許也相去甚遠。但無論同與不同，都指向同一事物，說明著同一事物。由此引起的是非爭辯只是人的事，與事物並無關係。事物還是事物。

據此道理，舉凡小草和大樹，醜陋的東施和美麗的西施，以及一切稀奇古怪、變化莫測的事物和人事現，從人世間的大道來講，都可以通融爲「一」。也就是說，現象複雜紛繁，看起來多姿多彩，議論起來各個不一，確確實實是不同的，但它們卻又遵守造物主統一規律而存在。在社會人生上許多現象，許多是非，它們也歸於一——歸於人生在世必然發生的種種情態。這個「一」就是人本身。

明白這一道理，立身處世，地位尊貴和地位卑下，實際也是同一的。

■人人都是為生存

現實生活中常常碰到這樣一些事例，相同年齡，一同讀書成長，後來出路大不相同。有端鐵飯碗，坐辦公室的；有當工人，每天守點的；也有上大學，繼續受寒窗之苦，爲人們認定的「錦繡前程」奮鬥；也有自食其力、沿街叫賣，或街頭做生意的。這所有便構成社會分工的一級級台階。於是，自以爲在下者，見了在上者，心裡就很自卑，而自食其力，沿街叫賣者羞於見人。人情如此，尙可體恤，用道來衡量，未免不諳世事。

人的地位有高低，工作有不同，無論作工務農，或者行商坐賈，做官作府，都是爲了生存。生存既是爲了自己衣食住行，也是爲社會存在與發展。所以各種行業，各種營生在生存這一人的根本依存上是通而爲一的。

人生沒有高下尊卑，所以自食其力的生存手段也無高下榮辱比較的必要。

認爲做生意不如人者，更是荒唐。發家致富，積金積銀爲富豪者，古今中外，既不是作官爲宦的，也不是讀書做學問的，而恰恰是經商的人。死錢變活錢，小錢變大錢，以微本求大利，需要大智慧，需要大膽識。縱覽市場風雲，把握消費走向，並不遜於調兵遣將，運籌幃幄決勝於千里之外，也不亞於治國經邦，日夜用心，把握時局，端平一碗水。

中國有春秋戰國范蠡，先是幫助越王打敗吳國，而最後隻身逃走去做生意，成爲名揚千古的大富翁「陶朱公」。還有秦朝丞相呂不韋，也是生意人。外國現代許多大跨國公司、大企業集團，也是由小本經營起家，打天下一樣經營起一番事業。人的各種工作，在生存這一點上通而爲一。既然這樣，盡其所能，人可以做什麼就去做什麼，掃大街，倒垃圾，不爲恥辱；做大官，做大事也不要特別榮耀。至於無知淺薄之徒，指指點點，說三道四，愛慕虛榮，管他呢！

■九九終歸一

還有一種事實，古人說是：賢愚千古知誰是，滿目蓬蒿共一丘。此話可以有一萬條理由批評它的消極悲觀，而人生過程，無論賢愚的歸宿必然的通而爲一，誰能回避這個現實。

背後嚼舌頭的人，多的是。外國人說是；走自己的路，讓人說去罷。中國智者說是：是非終日有，不聽自然無。這就是人生正確的態度。

所以莊子認爲，大凡事物，無論是成全還是毀壞，尊貴與卑賤，都可復歸於一。所以事理通達的人，絕不自矜自用，而只讓庸人去瞎胡鬧。不自用便可不行動而取得功效，不用而用便百事亨通。

然而人們常像猴子一樣，迷惑於「朝三暮四」「朝四暮三」的故事。傳說有個猴子，主人給牠栗子吃。主人說：「這樣吃吧，早上三升，晚上四升。」

猴子不高興。

主人說：「既然這樣，那就早上吃四升，晚上吃三升吧。」

猴子便非常快活。

主人作的實際是一樣內容的事，猴子自我困擾。自找精神困擾的人，也是讓自己心神勞累，不知事物最終通而爲一。

莊子還講了個故事。他某日睡覺作夢，變成了一隻活生生的蝴蝶，他飛呀飛呀，好快活好得意呀！一覺醒來，原來在床上赤條條地躺著個叫莊周的人。這時莊子糊塗了，是莊子變成了蝴蝶呢，還是蝴蝶變成了莊周呢？唯一的一點可以肯定，莊周與蝴蝶肯定有區別。

事物的變化就是這樣。莊周變成夢中蝴蝶，夢中蝴蝶又變成床上的莊周。此成彼，彼成此，彼此歸一於變化。

所以，對於造物主，世界萬事萬物，人生無窮情態是九九，對於造物主規定的變化，最終又歸於一。這就是俗語說的「九九歸一」的道理。

6.大道不稱，大辯不言

大方無隅。——巨大的方形，看不到它的角落。
大器免成。——最偉大的人才，最宏大的事業，與時俱進，無所謂成功。
大音希聲。——最美的音樂，往往難聽清它的單聲。
大象無形。——最偉大的形象，看不到它的具體形貌。
道隱無名。——事物真正的道理、規律、總是隱藏在事物之中，它沒有名目。
而真正遵循道去做事，才能善始善終，致於成功。

——《老子·39》語譯

■五　不

莊子說：「夫大道不稱，大辯不言，大仁不仁，大廉不嗛，大勇不忮。」
這話怎麼講呢？

用現代話說，就是——

天地人生最根本的大道是不可以稱說的；

最強有力的辯論之才是不須用言語的；

最大的仁義並不表現出慈愛；

眞正的淸廉並不講謙虛遜讓；

最勇敢的人並不賭狠逞強。

這既是認識世界人生根本道理的微言大義，又是立身作人的座右銘，更是人們處世行事極具智慧的行爲指南。

怎麼理解？

道如果顯露出了便不是眞道，眞正的道理、規律只在事物與社會活動之中。言詞如果用來爭辯是非曲宜，不是把事情原貌，眞正的是非曲直形容得抽象生硬，就是言詞勝過事實，歪曲了事實，把事情的原貌搞得一塌糊塗。事實是什麼就是什麼，時間終究會把一切分辨得一淸二楚。

仁以慈愛表現，太經常了便結束得也快。眞正的仁義只在心底。不關心是最大的愛護。這話怎麼講？鳥兒將雛兒推出熱窩兒，讓它摔打，讓它接受風雨鍛煉，爲的是它能獨立的生活，有應付環境的能力。因爲母愛不可依靠終生，一味餵養最終只是槍殺了生存創造的本能。因此，不愛方是大愛，不仁方是大仁。爲人父母，爲人朋友，爲人師長，關鍵之時常如是。

清廉如果總是表現得很謙遜，其情感與心思必然有許多不眞實，不誠懇的成分。正常的人，其表現應當是，既不比別人高傲，也不比別人卑微。不拿人的手不軟，不吃人的嘴不軟，人不求人則一般高。只有貪婪者才自作多情，多欲者才扭捏作態。

勇敢如果逞強賭狠，就成不了什麼事。首先他聲氣在外，心神已虛弱了。勇，本身並不是爲逞強賭狠準備的。逞強賭狠，首先引人注目，惡棍橫刀單劈嘴強人。何況勇本身既是一種力量，更是一種修養。沒有修養，心氣空虛，這樣的賭狠逞強者，除了自取禍殃，還能成什麼事！

莊子認爲這五方面如果牢記不忘，人們大概就接近道了，也就靠近事物本來規律了。

■言論多是非

固然是「大道不稱」，但關於道，人們還是每日每時遵循著、探求著。這就是人們的言行。

比如言論吧。

人們說明什麼，論述什麼，辨析什麼，總以道爲出發點，並得出合乎道的道理來。實際上，大家都在說話，各有各的說法，而說過了就算說過了，既不算定論，也不成公理，等於人們耳旁一陣風。對於道說來，人們是有言論呢，還是沒有言論呢？

說話人自己總以爲自己說的話，既不同於出殼鳥雛那種嚶嚶之鳴，也不同於農家院落裡的雞啼狗吠，總是有意義的。可是這種自我感覺與上面的客觀效果，是有區別的呢，還是沒有區別呢？

道，如何被隱蔽了，眞假難分？

言論如何被說走了樣，而有是非之辨？

道爲何消失了而無法捉摸？

言論爲什麼和事實牛頭不對馬嘴？

看來，道有眞僞，是因爲被局部的成就掩蓋了本來面目，言論有是非，是因爲華麗的詞句隱蔽了本來的事實。

因爲這樣，人間才有百家爭鳴，比如儒家與墨家的是非之爭。他們總是以別人認爲錯誤的東西爲正確，以別人認爲正確的東西爲錯誤。對於道來講，肯定別人認爲錯誤的東西，否定別人認爲正確的東西，這毫無意義，只有爭論沒完沒了。倒不如以此明確彼，以彼來明確此，互相證明，以明白眞正的規律，眞正的道理，這就可以準確地接近道了。

■反省的必要

世上的事物相克相生、相輔相成。比如是非，比如利害，沒有不可以說是彼方的，也沒有不可以說是此方的。從不知情的彼方看不見，從知情的此方就明白了。猶如打仗，此方勝了，彼方敗了，但換一個時空，立即就可能勝負易主。對於任何一種情景與結局，別人會有的，自己同樣也會遇到。打仗勝負，敗方不知自己如何失手打敗，勝方事先便瞭如指掌，但這種結局隨時都可以換一個位置。

這一規律爲人務須注意，不可走向極端。無論爲官作宦，經商求利等等。

就是非之爭而言，雙方常相持不下。此方是一種是非，彼方又是一種是非。果眞有彼此的相對的區別嗎？反過來，果眞沒有彼此是非分別嗎？

要使彼此雙方是非爭吵罷休，化對立爲一體，這就是道的作用，以道爲轉軸。以道爲轉軸，以深知應萬變，是非糾葛無窮，道的中心轉軸位置不動。是，是無窮盡的，非，也是無窮盡的，彼此因之爭鬥也無窮無盡。不如放棄成見，讓事實本身的是與非互相明確，心靈與行爲便日益靠近道了。

對於人而言，沒有行爲，沒有爭辯，沒有探求，絕對不可能，莊子本人也不是如此。只是在承認人的活動、創造、追求的必要的前提時，再反過來認識世界的有限與無限，認識人的有限與無限——人，作爲人類的人，是無限的，而個體的人，卻十分有限，無論能力，具有的道理知識，乃至生命。而有限的世界是被我們認識了的那部分世界，無限的世界才是造物主的本來面目。且無論有限的人與無限的人，都是無限的世界的一部分，以其爲背景去做人做事的。

因此，在承認人應奮鬥、爭鬥、探求的同時，回過頭來明白「大道不稱，大辯不言，大仁不仁，大廉不嗛，大勇不忮」，對爲人處世，在心靈上是一種明智，超常的聰明。

領導藝術

1.統馭之道

懂得大道的人，首先要懂得自然調節的道理，而以道德為次；道德明確了，以仁義為次；仁義明確了，以職責為次；職責明確了，以名義為次，名義確定了，以因人任職為次；職務人選明確了，以推敲審察為次；原委審察清楚了，以是非為次；是非明白了，以賞罰為次，賞罰明確了，就可以使賢愚優劣各得其所，貴賤尊卑各安其位，賢愚善惡評價俱合乎實情。

任用，一定要區別才能；要求，一定要循名責實。憑這，上可奉君，下可撫民；

憑這修養自身，用不著陰謀詭計，回到自然，這就是太平，治理之道就到家了。

——莊子《天道》語譯

■實與虛

作爲領導者，重要的是他的下級有充分發揮才幹能力的機會與場合，並妥善地駕馭與保護好其屬下人才。

在這時，領導者似乎沒作什麼，但他領導的工作，又開展得有聲有色。這是不露痕跡的領導藝術。對於領導者本人，就是無所爲卻有無所不能爲的統帥之才。

但這只是一方面，或者叫虛的一方面。還有一方面，作爲領導者本人必須有實在的技能，現代人稱爲專業知識與技能。這一點很重要，這是實的方面。它是虛的一方面的基礎。

然而，仍有問題。現實的領導者，常常要麼是沒有實能，只能以官爲業，不作官連養家糊口的本事都沒有。要麼個人事業能力很強，表現慾也跟著成正比膨脹，在實際工作中，總想在下屬面前露一手，以顯示「你看，我多行！」在下屬面前一點不謙虛。好像在說：我能當你的長官，又有漂亮的實際專業技能，可是你就不行！

這樣，就出現了一個矛盾，作爲領導者的實能與虛懷的矛盾。

陽朱曾經就帶著這個問題求教老聃。

陽朱和老聃都是春秋時代的大哲學家。陽朱，就是陽子；老聃，就是老子。

陽朱問老子：假如一個人，個人專業本領很大，比如他行動果決敏捷，認識明確透徹，探討事務的規律，勤勉不懈。像這樣的人可以當一個好的領導者嗎，比如像上古的聖明帝王？

老子說：

這種人，在大智大慧的人看來，也不過是像玩雜耍、從事占卜的人才一樣，終日憂心傷神、形勞身累，被小小的技藝束縛著。也太狹隘了些。

應該知道：虎豹身上因爲有美麗的花紋，就招來人們獵取；獼猴因爲會跳躍，也就容易撞上窩弓箭弩；獵犬因爲長於捕狐狸，也就此常被人拘係著。

過分行動，表現出自己的某些長處，不正也像這幾種動物嗎？自己和自己過不去！這樣的人能當上一個賢明聖哲的領導者嗎？

■英明的領導者

陽子聽了老子這種新穎的說法，很驚訝，臉色都變了，又很客氣地請教老子，

「怎樣才能算是高明聖哲的領導者呢?不表現，不終日憂心，怎麼統馭好一方人事，乃至一國人事呢?」

「高明聖哲的領導者怎樣呢?」老子說——

他的功績遍布天下，卻好像不是他自己所作所爲。他的教化遍及全國每一寸土地，但人民並不知道就是他在施教。

他有說不盡的實在功績，沒有人稱譽他的名字;人民都有很好的教養，各得其樂，無需害怕自己的領導者會突然干擾自己的生活。

他似乎有一種神妙莫測的力量建功立德，但實際上又好像他沒做什麼。他的下屬努力工作，喜歡他又不敬而遠之，總是很合得來。

這就是老子描述的一個好的領導者，正確處理實能與虛懷的情景。

■慎私慎惡

統馭之道，還要注意統馭者的個人品質。莊子講了如下故事。

天根和無名都是很喜歡鑽研經營管理之道的人，無名似乎水平與見識更高一等。

有一天，天根出遊到殷山的南面，恰好遇到了老朋友無名。

天根胸有大志，頗想做一番事業，因而見了老朋友，絕不錯過時機，便說道：「希望你能教給我治理天下的方法。」

無名近來知識長進很大，已不屑於和天根討論問題了，便說：走開吧！你這個傢伙眞是太俗氣了，爲什麼問這樣的問題，讓我不愉快呢？我正在與造物主結爲伴侶，感到有說不出的舒適自在，你爲什麼把這種無事找事，爭權奪利的事來麻煩我呢？

天根也不氣惱，再一次請教。

無名想了想，覺得天根的涵養挺感動人，便說：還是要處理好實能與虛懷的關係。

這話怎麼說呢？

經營管理一塊地盤，或者一個單位，要有實在能力。有能力很好，但一定不能運用自己的能力與心智謀取私利。謀私利的領導者，本領越大，群衆受害就越大，他在位時間越長，群衆就受害越深。所以，當領導者用大本領去謀私利，那就不是建設，而是破壞、犯罪，最後，自己生命也會被破壞掉。

虛懷呢，就是要遊心寄懷於恬淡無欲的境界，要心平氣和地和人民群衆乃至自己的下屬相處。在處理日常事務時，要任其自然發展，既不賣弄自己的才幹，壓抑下級人員；也不頤指氣使，自以爲高高在上；更不要虛情假意，包藏私心雜念，捕捉機會，爲自己謀取私利。

如果做到這樣，無論是一塊地方，或是一個單位，乃至管理天下，都會達到社會平安，事業發展，人民幸福。

2. 八病四害九檢

真，最大的精誠。沒有精誠，人則不會感動。
真誠的情感只在心中，神情動態自然表現在外，這便是自然真性可貴之處。
成功在於效果圓滿，不光看業績大小；養親只在真心順意，不在於吃喝穿著；飲酒只在取樂，與餐具優劣何干？居喪只在致哀，禮儀無非俗套！
透徹地了解人生者偉大。
有真知灼見的人就不賣弄了。
明白大道理的人順應自然。
明白小道理的人隨遇而安。

——莊子《漁父》《列御寇》語譯

■八病四害

了解別人不容易，了解自己更困難，了解了自己，要戰勝自己，更是難上加難。然而，又不能不了解人、不能不反觀自己。

概括起來，作人常有八種毛病，做事常有四種禍患。這不能不清醒地意識到，清楚地去發現——

八病：

1.不是自己分內的事，總想去插一手，露一手，絲毫不管別人需不需要，瞎管閒事。這是表現慾太甚。

2.別人並不理睬，瘦狗過門檻，嘴向前，不斷地給人出主意，提建議，吵吵嚷嚷。這是管得寬。

3.察顏觀色，別人想什麼就跟著說什麼，心裡全無是非反正。這是阿屌泡。

4.事情發生了，不管青紅皀白，一概說好說對。這是馬屁精。

5.喜歡在別人背後說壞話，別人的長處看不見，別人的短處誇大起來說。這是放暗箭。

6.挑撥老朋友的關係，離間親人間的感情，加油添醋、撥弄是非。這是陰心鬼。

7.讚揚和自己伙同一氣的壞人，中傷與自己不和的好人。這就是奸賊。

8.不分好人壞人，兩面三刀。對人總是一臉假笑，話語儘量投其所好，暗中卻以滿足自己的私利爲原則歪曲事理。這就是陰謀家。

四害是：

一害，好大喜功，盲目衝動。沒有必要地變更合理的行爲規矩，違背常情地去改變人們的好習慣。這是昏亂。

二害，自以爲才智過人，處事便獨斷專行。不把別人放在眼裡，甚至侵犯、欺凌別人；剛愎自用，無視好人善勸。這是頑固。

三害，明知自己錯了，臭要面子，死不認錯；人家一勸說，惱羞成怒，更加放縱，還要裝出挺能幹，挺認眞的樣子。這是凶狠。

四害，和自己相同的人就肯定他們，和自己不同的人，即使做了好事，發表了正確的言論，也要否定，完全按自己的好惡而定。這是偏私。

了解人的四害八病。並努力不讓自己染上這種病害，染上了迅速改正，才是一個眞正聰明的人，受人擁戴的人，才是一個眞正的強者。

如果明知自己有這八病四害，卻盡力掩蓋它，那不過就像害怕自己的影子，討厭自己的腳印一樣，總是遮掩，總是逃避。可以嗎？逃避得越快，影子更是寸步不離，留在地上的腳印就越多。如果還認爲自己跑得太慢了，更加快速度逃避，到頭來，心疲力竭，終於只是一個儒夫。

■九檢八弊

人應該追求眞善美，但實際上，許多人不是這樣。

人有功利，社會對人有各種各樣的吸引，所以人變化極大，人心也極難預測。

有些人，實際品性卑劣，但他有大將風度。事情變化，他可以不露聲色，把眞實的情感深深掩藏在心底。

有的人看上去很謙遜，實際心裡把誰都不放在眼裡。

有的人態度強硬，實際內心無比虛弱。

有的人說話溫和，對人手段凶狠。

有的人滿口仁義道德，背後損害起朋友就像秋風掃落葉一樣迅猛無情。

而有的人其貌不揚，但有長者風度。

有的人舉止拘謹，卻有超群出衆的見識。

因此君子用人，賢士交友，必定從九個方面對其進行檢驗。

一、派他到邊遠的地方任職，以觀察他是否忠誠不欺。

二、讓他在身旁工作，看他是否莊重、嚴守職責。

三、派他擔任繁重的工作，處理複雜、急切的問題，看他是否有實際才幹。

四、突然提出疑問，請他回答，觀察他隨機應變的智慧。

五、緊迫之中讓他完成一項工作，以觀察他遵命守約的信用。

六、委託他去理財，以觀察他在金錢方面是否有清正廉明的仁德。

七、交待任務，明確說明處境險惡，看他是否有臨危不懼、捨身成仁的氣節。

八、請他喝酒，讓他醉倒，看他心底是否有端正大方的品質。

九、故意讓他雜處在男女之間，以觀察他是不是好色之徒。

經過這九種方法檢驗，最壞的小人，也能原形畢露。

優秀的人物都必須注意從八個方面防範自己。這八個方面是：面容姣好，髫鬢漂亮，個頭高大，體型魁梧，身強力壯，神采豐艷，猛勇剛強，果斷堅決。

如果憑這八個方面優秀於人的條件，在別人面前輕慢驕傲，那這樣的人做人處事，必然要受挫折。繼續執迷不悟者，日後人事生計，必陷入窮困艱難的地步。

相反的懦弱之人的作法：膽小怕事，隨人俯仰，因循柔弱。這樣處世，雖無人望聲氣，處處讓人，都可以自保。強者不可學其人，智者可以取其法，以應急難。

■劍法與治道

人，可以當槍使；一國、一地在領導者面前，何嘗不是一杆槍？

趙文王喜歡舞劍，門下劍客三千，每日比賽，每年死於比賽的劍客百餘人，國力一天不如一天。

趙文王讓劍士比賽了七天，死傷了六十多人後，選出最高強的六名劍客，讓他們捧著劍在殿下等候。然後，趙文王召見莊子前來比劍。

趙文王問莊周：「先生是習慣用長劍，還是習慣用短劍？」

莊周說：「我用劍，長的短的都可以。但是，我有三種劍，由您挑選使用。不過，在試劍以前，請讓我把這三種劍的性能、特點，一一介紹一下。」

趙文王很感興趣，說：「您說說看。」

莊子便莊重地陳說：「我這三種劍，適合於三種人使用，天子、諸侯、平民百姓。」

趙文王睜大了眼睛：「天子使用的劍，是個什麼樣子？」

莊子神情嚴肅地指出——

天子所用的劍，是用燕國的石城作爲劍尖，以齊國的泰山作爲劍的刃口，用整個晉國、衛國作劍背，用韓國、魏國作爲劍柄。包含四方各民族爲統一家庭，順應四季變化治理天下，領土環繞了茫茫的勃海，綿綿的山脈是連絡各地的紐帶。按五行相克相生的道理建立統治制度，功有賞，罪受罰，道德教化著每一個人民。

這種劍向前刺去，無物敢擋；望空劈下，無物倖存，低者不敢應戰，高者不敢還手。

這種劍一旦用起來，可以匡正民心，降伏諸侯，使天下達到太平。這就是天子之劍。

趙文王聽到這裡，悵然若失，心有不滿足地問：「那諸侯之劍如何呢？」

莊子說——

諸侯的劍，是用智勇之士作爲劍的尖端，用清廉之士作爲劍的鋒刃，賢良之士是它的劍背，忠貞之士是它的劍環，豪傑之士是它的劍把。

這種劍揮舞劈刺，沒有哪一個敵對生物能倖存。它上則取法天圓來適應日月星辰的光輝照臨，下則取法地方以順應春夏秋冬的時序變遷，中則和諧民意使四方安定太平。

這劍一旦使用，威力像雷霆震蕩，四境之內，沒有不納貢稱臣聽從君命的。這就是諸侯的劍呀！

趙文王似有所悟，又問：「普通人的劍又是怎樣呢？」

莊子介紹道——

普通的劍，就是王公貴人供養的劍士用的那種。這些劍士，頭髮蓬亂，鬢髮突起，帽子低垂，脖子上圍著長纓，上衣前長後短。他們一個個怒目而視，在別人面前刺殺。它砍斷別人的脖子，戳穿對手的胸背。

「這普通人的劍法，比起鬥雞遊戲沒有兩樣，殺戮生靈，對國事實無好處。現在大王擁有建立天子旗號的條件，卻只喜愛普通人的劍擊，我私下認爲大王此舉實在不可取。」

趙文王低下了頭，酬謝了莊周後，便閉門思過。

■小人得志

正考父這個人是孔子的十代祖先，爲人樸實謙和。他開始做了一個小官兒，對人很謙遜，像沒做官一樣。當他被提升爲大夫的時候，對人就更加恭敬、誠懇了。第三次他被提升爲國卿時，走在路上他主動給迎面走來的人讓路，碰見熟人就熱情地打招呼。

正因爲正考父平易、謙和，他領導的地方，一些權門大戶，誰也不敢胡作非爲，違犯法紀。

那些無能幼稚的人，是另一種樣子。開始作官，就昂首挺胸，尾巴翹得高高的。再次升官，有車坐了，就連喘氣也粗了，說話嗓門也更大了。再接著高升，他便目無尊長，即便外表禮貌，心裡己是得意忘形了。這樣人發跡，可望社會風尚好嗎？

更可笑的，宋國有個叫曹商的人，他替宋偃王出使秦國。動身出發時，宋王送給他幾輛車子。到了秦國，秦王很喜歡他，他又得到了一百輛車的賞賜。

曹商回到宋國，便神氣得不得了。他見到莊子便賣弄說：「住在窮街小巷，窮得靠打草鞋賣錢糊口，餓得臉色發青，那是我無能爲力的地方。一旦得到重用，使一國君主聽從我的教誨，如夢方醒，這樣跟隨我的馬車就會達到百輛之多。這是我稍微勝一籌的地方。」

莊子微笑著回答：「聽說秦王請醫生治病，凡是能刺破他身上膿瘡，排出膿汁，可以得一輛車子的報賞。凡是能夠舌頭舔他肛門痔瘡的人，便可以得到五輛車子的報賞。以此類推，治療的地方越低下、越髒，所得的車輛越多。難道你舔過秦王的痔瘡嗎？不然，爲什麼得到那麼多的車子呢？快滾吧，你這沒廉恥的小人！」

古往今來，如曹商這樣的人，該有多少！

3.以靜馭動，以無致有

世俗的人，都喜歡人們和自己相同，厭惡和自己不同。喜歡人們和自己相同，厭惡人們和自己不同，這是出人頭地的想法？然而，何嘗能出人頭地呢？

至人的教化，就像影子隨形，回響之於聲音，有問則答，主要是讓別人暢所欲言，他只作個聽衆。

他每天做事，不受教條束縛；他的思想與日俱新，所以無始無終。他以大同為原則，因而為人處事處於忘我狀態。

一個人既然忘我，就不必占有。知道「有」的，是往日的君子；了解「無」的，則是「天地之友」。

——莊子《在宥》語譯

■當家難

事物運動，形勢變化，人情是非，拉拉扯扯。處理好這種種局面，人人都說當領導者難。

不說當領導者難，俗話說：當家三年，狗都嫌。

可見還有吃力不討好的結果。所以俗話又說：無官一身輕。

這是說一個好人當領袖，存心爲大家辦好事，由於人情難測，諸多方面難以照顧周全，因而使自己難堪。至於一個壞人當領袖，存心以權謀私，其結果必然是惡有惡報，這我們不說，那是另一個題目。

回到本題。雖然當領導難，爲大家辦事不容易，但畢竟要有人當這差事，並且非得有人去。古代有帝王將相、知府縣令，仍至保甲伍長。現代社會行業衆多，分工細緻，有政界、有企業、有文化、有民事，條條塊塊都得有人牽頭。

所以領導的藝術就特別重要。

莊子有兩條關於領導的方法，很值得現代從事領導工作，甚至從事個體經濟活動的人們參考，即：以靜馭動，以無致有。

■以靜馭動

這一思想記錄在《莊帝王》中的嚙缺與王倪的對話裡。

嚙缺是王倪的學生，二人都是堯帝時代的賢能之士。嚙缺因事向王倪請教，嚙缺問了四次，王倪四次都說不知道。

第四次嚙缺得到老師「不知道」的回答後，突然領悟「不知道」的意義，高興得跳了起來。連忙走出去，把自己領悟的心得，告訴他的好朋友蒲衣子這個人。

蒲衣子就說：

你現在領悟了其中的道理吧。虞舜就是趕不上伏羲。虞舜他念念不忘用仁義來團結人們的心，他也算是得人心了。但他自己呢，從來沒有從別人與自我的是非界限中超脫出來。

伏羲是怎麼作的呢？他睡覺時，氣息舒緩平靜，醒來時心中無思無慮。（別人也不是不議論他，攻擊他）他聽任人家說他是一匹馬，讓人家咒罵他是一頭犟性牛。

他內心平靜。他的智慧實在可靠。他的德性純真，沒有一點僞飾與造作。所以他從來不曾陷入到人我的是非之中。

蒲衣子這裡說的，就是說領導者不是什麼事都不做，而是方針策略定下以後，就讓下級人員去辦。只要是出以公心，決策合情理，領導者便可以靜觀變化。

在實施決策時，檢查督促是必要的，走走看看問問，也非常應該，但切不可捲入因執行決策的是非爭吵，更不可精力過剩地到處插手，干預下屬辦事。

重要的還是靜，靜觀變化，靜中想心思。在靜中身心超脫，在實施過程中，靜駕馭著動的發展過程。靜，事後也便於補缺拾遺，總結經驗教訓。

■以無致有

這是楚國的狂人接輿說出的。

那天，接輿見到肩吾。肩吾是個學道的人。接輿便問肩吾：

「從前，你的老師日中始怎樣教導你的？」

日中始也是那個時代有名的賢人。

肩吾回答說：「他告訴我，當君主的按自己的意願定出常用的禮儀制度，人們誰不聽從，或者不受感化呢？」

接輿不以爲然，說：

「那些條文是哄騙人的。」

他想用這樣的理論去治理好天才，這不是渡過大海去開挖河道，派遣蚊子去背走大山嗎？

深明事理人情的人當領袖，難道要去追求外表上的條條框框的花架子嗎？他只用清靜無爲之道，就會使人民跟隨你，要求各人實實在在地做好自己的工作，不要沒事找事，無事生非便罷了。

禽鳥用高飛逃避網羅箭矢的禍害，小老鼠會把洞打到神壇的底下，以躲開烟薰與挖掘的災難。條款太多，要求太苛細，人民逃避的本領未必還不及飛禽走獸？有是必要的。有過了頭，傷害他人，也傷害了領導者，最終就傷害了事業。基本的事業目標樹立了，實現目標的法制規章，依賴衆人訂立下來。此後當領導者就不要向大家附加什麼。

像普通人一樣看待自己，讓大家各自自在地去工作，平靜地去生活。領導與群衆之間，和諧相處，打成一片。目標是共同的，制度是自己的，此外，人們感到無所壓抑，無所擔心，只要按步就班地做事就可以了。這就是領導者用無來領導。

無，既不干擾，也不妨礙，無論是心理的，還是現實的。在無之下，秩序井然，人們心力專一，事業便自然而然趨向完成。

無以致有，就是不做什麼成就一切。其中不做是表面現象，做是內在機制的自然運轉，形勢推動的結果。

以靜馭動，以無致有，實際是一個東西。當領導者，漢朝的「文景之治」，唐朝的「貞觀之治」，都是成功的範例。

4. 順應自然

不要當名譽的俘虜，不要作計謀的倉庫，不可作事務的承擔者，不應作智慧的主宰者。

深刻地領悟一切事物的變化無窮無盡的事實，心便可悠遊於無邊無際、無形無蹟的境界；盡力保持天生的情性，不要表現自己所得到的，因為這到頭來也不過都要歸於自然歷史。

大智大慧皂人用心如同明鏡，物來不迎，物去不送，映照面前事物而不收藏，所以能承受所有外物來映照，而不受傷害。

——莊子《應帝王》語譯

■好心辦壞事

好心總是要的。

好心做出壞事，郎中開錯方子，藥害了人，這是人爲破壞自然。

那天渾沌大帝的遭遇就是如此。

他有兩個好朋友：主管南海的儵象大帝，主管北海的忽象大帝。渾沌大帝是主管中央的。

儵象大帝和忽象大帝常到渾沌大帝家作客，總是受到渾沌的熱情款待。叨擾多了，儵象與忽象二人便對渾沌殷勤盛情十分感激，似乎不想想什麼辦法報答一下渾沌，心裡便過意不去。二人便商量說：

「人人都有耳眼鼻口七竅，聽聲、看物、呼吸與飲食，多方便！可是渾沌這個好人，卻沒有七竅，人生這點樂趣也享受不到，眞遺憾。我們不妨試試替他鑿開，也是朋友盡一份情意。」

二人商量妥了便動手，每天給渾沌鑿一竅，可是鑿到第七天，渾沌的七竅是有了，而渾沌卻死了。

人也常常有不可爲之事，如改天換地者，世事教訓多矣。多一事不如少一事，也有其順乎自然之理。因爲，如果多過了頭，何如少得恰如其分！

■表面的總靠不住

熱情不能沒有，也不可不要。但熱情常常容易被表面跡象鼓動。表面現象靠不住，所以熱情還是抑制點好。鄭國的巫師季咸與壺子的學生列子，在壺子面前表現的就是這個弱點。

當時，季咸在鄭國靈驗得很，雖然他來自齊國，但鄭國人簡直把他奉若神明。他能夠預知人的生死存亡，福壽禍殃，預言事件什麼時候發生，沒有不靈驗的。於是，鄭國人一見到季咸，就像躲避瘟疫一樣，遠遠地走開了。

列子看到這種情況，對季咸佩服得不得了，就把季咸這種情況告訴他的老師壺子。他說：

「原來我以爲老師的道術，是登峰造極了，現在才知道，還有更高深的道術！

壺子說：「我傳給你的道術，還只是一些表面功夫，還沒有接觸道的實實在在的玄妙要領，你原來就認爲得了道嗎？」

壺子就打個比方說，禽類只有一群雌性，而沒有雄性的，雖可下蛋，但絕不可孵出小雛來！憑表面現象去與世人交往周旋，就肯定會妄聽輕信。因此，巫者憑他的聰明才智，就可以看出你的底細。

壺子就叫列子邀季咸到他這兒來，把季咸介紹給他，了解了解。

壺子說給列子的話，當然有道理，列子心裡未必不懷疑老師的話，也許眞有公雞下的蛋呢！

■不可盲目崇拜

列子懷疑歸懷疑，第二天還是將季咸請了來見壺子。

三人聊了一陣，壺子與季咸彼此一番觀察，各有所了解。

季咸從壺子住處出來就對列子說：

「不妙啊，你的老師有死亡的兆頭了，並且病入膏肓，不可救了，算來過不了十天的工夫啦！我看到他的形貌非常怪異，他的臉色就像一堆死灰一樣！」

列子聽了大驚失色，眼淚也流出來了。送走季咸，一進門列子就把季咸的話告訴了壺子。

壺子說：「剛才，我顯示給他看的是泥塑木雕般的形象，姿勢也不端正，精神停止了活動。所以，大概他只看到我閉塞了的生命閘門，而我眞正生命活力洋溢的河流，他沒有看到。你明天再和他一起來看看。」

列子第二天又和季咸來見壺子。臨走時，季咸很高興，也很得意，對列子說：「眞幸運呀！你的老師碰上了我，有希望了。我看到他的形容氣色，已與昨天完全兩樣，全部生機已由死寂變得活潑起來。」

這一次壺子告訴他的學生，剛才他顯示的是天象變化的情景，世俗雜念、功名利祿不侵入人心，一線生機從後腳跟循循上升。這是順應自然的功能。

壺子講明道理與原因，又要列子第二天再來。這時列子的疑慮開始消除，既不盲目懷疑自己的老師，也不盲目崇拜季咸了。

■自然乃至道

莊子的意見是，一個人不要當名譽的俘虜，不要當計謀的布袋子，不要總是把事情往自己身上攬，不要總以爲自己聰明絕頂。事物變化無窮，只有不斷貼近自然，人才能永保天性，也永保平保。

相反，追求名譽，就會失去自我，失去本性，做人就會華而不實。總是用心計，損害他人，同時，也會損害自己。把什麼事都攬在自己身上，是自己和自己過不去，自找苦吃。個人不可能沒有一些聰明，但比起變化無窮的大千世界又算什麼呢？一個眞正的聰明人，應當能深刻地領悟自然大道，使自己心靈遊歷於一種博大、睿智、超脫的世界之中。

在季咸第三、第四次拜會壺子之中，列子和季咸才不同程度地悟出這些道理，尤其是列子。

這兩次會見如何呢？

第三次列子引季咸來拜會壺子，季咸觀察壺子，感覺十分恍忽。出門時，季咸對列子說：他心神不靈，沒有齋戒，實在沒辦法觀察他。只有讓他齋戒後心神專一了，才可仔細觀察他。

列子依舊把季咸的話轉告壺子。壺子說，他剛才道術顯示給季咸的是太虛境界，高遠且沒形跡與兆頭可以捕捉，所以季咸才這麼說。

第四次季咸到來時，季咸還沒有站穩腳跟，便調頭就走。列子有些莫名其妙，下意識地又覺得似乎在意料之中。可是壺子對列子說：「快，追回他！」

列子沒有追上季咸，壺子對他說：

「剛才我顯示給他看的未曾顯示我的根本大道，我和他虛於順應，變化無跡。

他不明白是怎麼回事，有時好像是隨風顛倒，有時又像是波浪翻滾，他捉摸不定，就逃跑了。」

對於季咸當然是技窮力拙，自知聰明反被聰明誤。

對列子，這樁事震動可就大啦！他覺得只是迷惑於虛名，並沒有眞正學到道。於是他開始靜下心來，每天只是幫老婆燒火做飯，衣食儉樸，不管閒事。在行爲心理上，他完全去掉雕琢虛飾，反撲歸眞，成了一個超越世俗雜事雜念的眞的人。這樣，過了較長時間，他感覺自己成熟了許多。

5.自然是一種美德

所以聖人要進入這樣一種境界，悠遊逍遥，把玩弄聰明才智看作是罪孽的根源，把盟約禮法看作是枷鎖，視施恩佈德為收買人心，把工巧技藝看作牟取暴利。聖人不設陰謀，哪裡會智竭計窮；不想瓜分什麼，自然用不著拉攏入伙；無所失，也用不著獲取；不買賣求利，不必進行交換。這四者是說天養活人本來就是如此。

……

……大道賦予了人的容貌，自然賦予了人的形體，不要以好惡傷害自己的身體。

——莊子《德充符》語譯

自然，不僅是人的一種行爲風格，更是一種美的德性，並且是一種最美好的德性。不做作，不雕飾，不扭捏，應當怎樣就怎樣，心地坦然，有什麼行爲作風能超過它呢？

打個比方說，有什麼行為作風能超過它呢？

打個比方說，女子總喜歡化妝修飾，粉黛並非全然無用，但天生麗質卻是粉黛塗抹無論如何也比不過的。這就是自然之美。

何況表現人的內心世界的自然德性呢！

■道德超越缺陷

申徒嘉是被砍了一隻腳的人，但他具有一種自然之德，並不自慚形穢，反而能努力加強身心修養。

子產是鄭國赫赫有名的大官員，身體健全，卻不了解自然之德，竟隨意輕視申徒嘉。

當時他們曾一起向伯昏無人這個人求教。

子產對申徒嘉說，「我要是先出去你就留下，你若先出去我就留下。」

第二天又坐在一張席子上聽講。子產又對申徒嘉說：「出去的時候，我們必須分個先後，或你先我後，或我先你後，行嗎？怎麼搞的，你見到我這樣的執政大臣也不知道退避，你認爲你可以和我並駕齊驅嗎？」

申徒嘉便說：

「哎呀，眞沒想到，在伯昏老師門下，原來還有個執政大員呀！你津津有味地炫耀你的官職，那道德修養可就落在別人後面了！有這樣一句話，拂去灰塵，鏡子才明亮；長期與賢人相處，身上便無官場惡習。你來聽伯昏先生講大道，又在我面前擺臭架子，不是太錯誤了嗎！」

子產立即反駁，說申徒嘉已失去一隻腳，這事足以引起反省，怎麼還妄想和自己平起平坐呢！

申徒嘉則說，文過飾非的人很多，自甘認罰的人很少。懂得事情無可抗拒，認同命運安排，只有道德修養很高的人才能做到。嘲笑我失去一隻腳的健全人實在太多了，當初聽起讓人勃然大怒。一旦來到伯昏先生講學的地方，就意氣平靜，漸漸恢復了自然的常性，美善的道德不知不覺中蕩滌了我顧及榮辱得失的心理。

申徒嘉還說，我與伯昏先生交往十九年了，先生從未認爲我是個少了一隻腳的人。現在和我共同在伯昏先生門下學習自然之德的子產先生，竟然指責我形體缺陷，這離了解自然之德不是太遠了嗎？

子產終於慚愧地低下頭，請求說，朋友不要再講了！

■何為完美

申徒嘉深得自然之德，體格健全的子產反而慚愧地低頭認錯。無獨有偶，衛國有個相貌極其醜惡的人，也讓身邊的男女對他傾心。

這個人叫哀駘它。男子和他相處，因敬仰他不想離開。少女見到他，便會對父母說，與其做別人的大老婆，還不如做哀駘它的小老婆好。有這樣要求的女子，已經超過十個。

其實這個人很平常，既無新知，也沒有率先倡導什麼，總只附和他人罷了。他既無權威拯救危亡，也無餘糧剩米救濟他人；有的只是醜陋得叫人害怕的容貌，與隨聲附和的知識。

是什麼過人之處，使形形色色的男女敬服他，仰慕他呢？

魯哀公告訴孔子，說他召見過這個哀駘它，果然是醜得讓人吃驚。但相處不到一月，就很賞識他的爲人處世；不到一年，就很信任他。魯哀公提出把國事託付給他，他冷淡了一會兒，才漫不經心地像要推辭，弄得魯哀公很羞愧，但他終於還是答應了。可是不多久，他就請辭了，魯哀公忽然像失去了什麼，甚至有些絕望。魯哀公問：「這是個什麼樣的人呢？」

孔子說這是天然美德感召著那些男男女女。孔子舉了一個事例。一群豬娃在死母豬的身上吃奶，吃著吃著，突然便調頭跑開了，因爲死母豬再也不能像活著的時候，用眼睛看著它的孩子們了。可見豬娃愛母豬不在形體，而是母豬的精神動態。

另外，侍候在君主旁邊的男女，都必須是童身，不失天然資質。君主對侍御人員的形體要求尚且如此，那麼，世上的男女對天然德性，當然要求完美。哀駘它不開口倡導什麼，就受人敬重，無力助人就可使用親近，那他一定是一個德才完美而不露形跡的人！

哀公問：「什麼是德才完美？」

孔子解釋是，人生的生死、死亡、貧富、窮達、賢能與不肖、毀譽、飢渴、寒暑，都是事物形式的變化，也是天人運行的常道，所以這些出現在人的面前，日夜交替，前逝後繼，人究竟是說不清這些現象的前因後果的。懂得這種情勢，心靈不受外界事變干擾，保持內心的和諧與平靜，性情就不會失去安逸樂天的情態。這就是天然的德才完美。

哀公又問怎樣是德行不露形跡。

孔子告訴哀公，水面很平，是水靜止到極端狀態，因此它成爲平的標準。內心能保持靜水般的平靜，就不會爲外物所動。所謂德，就是保持天然的中和之氣所達到的修養。所謂德行不露形跡，就是人表面上無所能，無所長，無所爲，而大家喜歡你，親附你。

這時，哀公似乎一下子得到了治國的要領。

■走出心造的籠子

看來，莊子說的德才完美，不露形跡，實在不是什麼高遠的東西。說到底，仍然是以靜馭動，以無致有的處世本領的一種表現。只不過作爲一種人的德性，被莊子強調得更重要了。從道理上說穿它，這種完美不露形跡，人們做起來並不是什麼了不起的難事。

然而；問題就在這裡。

看起來很容易的事做不到，猶如鼻尖上的蘋果，看得見，吃不到。這就是一種能力，一種修養，一種德行。

人生世上，常常難的不是明白大道理，而常常困難的是，明白了大道理，做不好小事情。

這就是，人常常給自己做了一個心靈的籠子，走不出來。

魯國有個被砍斷腳趾的人，前去拜見孔子。孔子責備他：

做人行事不檢點，遭受刑罰成了殘廢，現在即使求教聖賢，於事情又有什麼好處呢？

那人回答：我就是因爲不懂世事人情的複雜，便輕率地投身社會，所以才被砍去腳趾的。現在我來到您這裡，就是認定世上還有比腳趾更寶貴的東西追求，所以我下定決心要使它完美無缺。天可覆蓋一切，地可容納所有。我把先生視爲覆納全部所有的天地，想不到先生這樣計較外在形骸，眞令人失望！

孔子立即意識到自己的精神正陷入一個自我製造的籠子裡，趕緊說：「孔丘實在太淺陋了，先生何不深細地向我指點一番大道呢？」

那人什麼都沒說，轉身就離去了。孔子長嘆說：同學們哪，要努力啊！這個殘廢人尚且努力學習，以彌補自己殘形的不足，何況健全的人呢？

那人走後對老子說：「孔丘作爲一個德才完美的人來說，還差得遠哩！他幹嘛總是裝得彬彬有禮，擺出一副好學慕道的樣子呢？他大概是希望透過裝模作樣，獲取聲譽，使自己名揚天下吧！然而，他哪裡懂得，大智大慧大才大德的人恰好是把這些看成是人心靈的牢籠，人生的枷鎖！」

老子說：「你怎麼不直接了當地指教他，讓他走出心靈的樊籠呢？」

那人搖搖頭說：不可能，這似乎是老天對人的一種懲罰吧。

那個失去腳趾的人確實說對了，人實在有一種與生俱來的、自造的心靈的籠子。說道理瀟灑，為人處世總難得瀟灑。成功、失敗、優點、缺點、幸福、痛苦、貧困、富有……人生所有，特別是自己與別人比較突出的特點，尤其成為人的心靈的籠子——強人之處，產生驕傲的毛病，是自己的一種負擔，不如人處，產生自卑心理，更是一種精神負擔，這不都是心靈的籠子嗎？

走出來，天地寬廣，活得瀟灑。

然而，眾多的人卻走不出這籠子！

■遺忘症

人們常諷刺一種人：四肢發達，頭腦簡單。

人們還嘲笑一種人：金玉其外，敗絮其中。說的都是那種外表好看，肚子裡沒有什麼本事的人。而社會上另一種現象是，有些人其貌不揚，甚至有先天缺陷，但卻受人敬重。因爲胸中有才學。

衛靈公這位衛國君主就是奉行這論人標準的。有個跛腳、駝背、缺唇的人遊說他，表現了很高的道德學問，衛靈公聽了非常喜歡。這裡在衛靈公眼裡，那些形體完全的人，好像只不過是一堆兩個肩膀扛一個腦袋的行屍走肉罷了。

無獨有偶，齊桓公也是這樣。有個脖子上長著一個菜罐子那麼大個瘤的人來遊說他，言談中，齊桓公也敬佩不已，覺得這個脖上長個大瘤的人，簡直是太完美了，相反那些健全的人，在他眼中都不過空有一副好皮囊。

所以莊子認爲，人，只要有過人的德性，那麼形體上的缺陷就會被人忘掉；人們如果不忘掉他所應當忘掉的外形，忘掉他所不應該忘掉的德性，這就是人生的一種眞正的遺忘症。

莊子這話實在是顚撲不滅的眞理，古今人才成敗莫不遵循這一原則。先天不足，而有所成就，是由於後天才德修養。先天健美者，終於一事無成，或誤入歧途，是他們忘記了人生眞正應依賴的德才修養，只落得徒有其表。

古今看人之道如此，可謂天不變，道亦不變。

6.竊物者為盜，竊國者為王

聖人創制了大斗小斛，給人們量東西，大盜則連大斗小斛一併偷去；聖人製造秤砣秤杆，供人們稱重量，大盜卻連稱杆秤砣一起偷走；聖人製造印符作為憑證，讓人們聯繫建立起誠信，大盜可以連符印一起偷走，；聖人建立仁義道德，使社會形成良好的風尚，大盜卻連仁義道德一起盜用襲用。

社會上常說的所謂最聰明的人，誰不是替大盜收集財物？平常人們所說的最明智的人，誰不是替大盜看守家當的呢？

——莊子《胠篋》語譯

■箱籠與盜賊

對付撬箱子、掏口袋、摳包包和撬櫃子的盜賊，通常的辦法就是把箱子、皮包、櫃子等捆扎好，加上鎖鏈，鎖好，鏈牢。這似乎是唯一聰明的辦法，既實在，也可靠。

對運載或保管來講，捆緊鎖牢，也是必要的。

但反過來一想，這樣叫小偷無從下手，正好同時又幫了大強盜的忙。捆扎得好好的，不用多費手腳，他們來了，立刻可以背著櫃子、提著箱子、抬著口袋迅速逃之夭夭。他們與失盜者一共同的心願就是，唯恐繩索與鎖匙不牢實，箱籠、口袋經不起折騰，以至把箱籠裡的財物漏出來了。

這樣說來，聰明的辦法也只是相對的。人在能力可及時，這辦法自然奏效，超出防範的對象範圍，聰明的辦法正好是對付自己的絕招。

這一情景用來說明社會問題，可不可以得出這一看法呢？對於大盜，有時，最聰明的人，是大盜的最好守財奴，最明智的人，是大盜的最佳看家狗。

這樣說，或者有點偏執，或者未免太刻薄了。

舉例說吧，從前齊國的事就是如此。當時齊國境內，人煙稠密，百業興旺，僅就農業一項來說，供耕種的土地橫直就達二千多里。整個國家，取法聖人制度，機構完備，規模井然，法度健全。這個諸侯國的家當算是保管得十分好了。

可是，強盜來了。田成子一舉殺掉了齊國君主，並占有了他的國家。誰能說田成子奪去的僅只是齊國的土地與人民?其實連同齊國遵循的聖人禮樂法度，統統奪去了。

儘管田成子得了一個篡逆的惡名，但他身居君位，既沒人敢非議他，也沒人敢討伐他，子孫十二代一直統治著齊國。這不正好說明，當初維護齊國存在的禮法、制度，後來不也正好爲篡逆者大幫其忙嗎！

■小盜與大盜

現代人說：制度是對付一部分人的。

莊子在兩千多年前也說：聖人聖法不消亡，大盜也就不會絕跡。

看來法制與盜賊是相克相生的。盜賊逼出社會法制，法制同時也創造了更高明的盜賊，人的善與惡，總是鬥不出一個最終的輸贏的。

就說盜賊吧。

小偷、扒手，提走了別人的皮包，扒去了人家口袋裡的錢鈔，或者劈門破戶劫掠財物者，最終總難逃法網。

而另一種盜賊，小者騙取名聲、信用，可以榮升晉級；大者竊取制度、禮法、仁義，則可以爲王爲侯。

這就是一種歷史原則——竊物者爲盜，竊國者爲王。用成敗的眼光衡量，就是：成則爲王，敗則爲寇。

這兩種竊賊，事實上是永恆存在的，小竊是爲生存，大竊是爲發展。生存的壓迫會讓人鋌而走險，發展的誘惑也鼓勵人產生強烈的征服慾，甚至是英雄意識。何況法制規定的條條款款，限制了竊賊，同時也教導、培訓了竊賊。

這既是人性的錯誤，也是智慧的副作用。

再看看竊國爲王這一例。只要他們登上王位，那仁義禮法的旗號就出現在那裡了，一切不合法都成爲合法的了。這種成則爲王的鼓勵太大了。

因此那些攻城掠地，搶劫人民的大盜，高官厚祿不可收買，嚴刑峻法不可禁止。因爲，他們盼望著，最終能由寇變成王。

■強盜與聖賢

要在眞正的強盜與聖賢之間區別差異，那是白費勁。

看看盜跖和他的部下一段對話便知道。

盜跖是什麼人？原名叫柳下跖，是古代民衆起義領袖，因攻城掠地，打劫官府富豪財富，被稱爲盜跖。

因歷代暴君殺戮忠良時，總還要揮舞幾下聖人法度的旗幟，所以，跖的部下就問他：

「當強盜也要聖人的法度做準則嗎？」

盜跖回答說：「到什麼地方去不尊從聖人制訂的法度呢？」

跖提出了五條標準：

大盜之人，能憑空推測室中有什麼財物，有多少，這就是聖明。

進室時，能帶頭不畏死亡的危險，這就是勇敢。

撤退時能居後，不怕被抓獲，這就是義氣。

每次行動之前，周密部署，事先即能判斷安危成敗，這就是智慧。

得手之後，分贓能平均公正，這就是仁德。

不具備這五種品質，而能當上大強盜的，天下從來沒有過的——跖最後這樣肯定。

莊子則說：由此看出，善良的人不懂聖人的這些道理，就不能立身；大盜不通曉聖人的法則，就不能橫行天下。同時也可以說，殘暴的君主，不假藉聖賢製造的精神武器，就不能名正言順殘害忠良了。

看來，世上的事說法可以不同，實際常是相同的。聖人的法制保證各色人等去做自己想做的事，既成就了聖賢，也成就了大盜和暴君。沒有這些聖人的法則，這些人做事就多一分顧忌，少一分心眼。這可以叫做唇亡齒寒吧。

所以，歌頌聖賢，抨擊盜賊，有時難免陷入一個智慧的誤區。

■法制就是漏洞

由於有法制，統治者有統治辦法，同時盜賊也獲得統治者統治的奧秘，因此，盜賊也由此得到了行盜行竊的方法。

所以老子把法制比作水中的魚兒。他說，魚兒不可輕易離開深淵，國家的重要統治手段不可隨意向天下人顯示。所以聖智聖法，是不能向天下人公開宣講的。

由於這樣，莊子說，還是什麼都沒有才好。拋棄聖法聖智，大盜自然沒有了。打碎了金珠寶物，小盜才不出現；燒毀印章等權力的表徵，人們也就自然不再爭奪權位了。天下所有聖法都廢除了，人們才可能得到無私無爭的妙道。

另外，攪亂音樂旋律，毀棄華麗文采，廢除方圓規矩，人們才能回復天然能力。這就是順從自然，不尙機巧的愚拙，是人的最大智慧。

在精神上，丟掉仁義說教，廢棄諸子百家的說長道短，那麼天下人便可達到空玄統一的境界。

假如，人人保全他的天然視力，目光就不會被奪目的色彩迷亂；人人保全他的自然聽覺，心神就不會被悅耳的樂聲困惑；人人保全他的自然技能，智能就不會被機巧得失所引誘；人人保全他的全然德性，心神就不會被無窮的邪惡的欲望所顚倒。

假如，人的一切智能都回到天然，那人類便無文明可言。莊子的這個假如永遠不可能成爲現實，莊子自己也不是這樣。

但人類在運用自己的智慧，在創造輝煌的業績的同時，同時也創造了罪惡。所以有人說：人，一半是天使，一半是魔鬼；又說：道高一尺，魔高一丈。

那麼，在這時，人不斷返現自己的天然本性，不僅是自己生存平安的需要，也是自己生存發展的必需。莊子給我們的智慧與明智，正在這裡。

立身恆言

1.各有所好

愛出歪點子的人，未能出謀劃策製造災禍，就不快活；喜歡爭論的人，沒有讓他高談闊論的場合，就不舒服；喜歡挑刺兒的人，只要沒有吹毛求疵的事兒，心裡就憋得慌。這些人都是自我表現慾太瘋狂了。

農民沒有耕種的事情，便不能安居樂業；商賈沒做生意，便不能安居樂業。民衆能有工作，日常便會勤奮自勉；藝人有機會施展技能，便會精神興奮。

可是貪婪成性的人，金錢財富未能與日增加，就會苦惱；誇耀虛榮的人，權位勢力未能出人頭地，就會灰心失望。

勢利小人，總會從事變中尋找機會。

——莊子《徐無鬼》語譯

■大材與小材

釣小魚的人，到處都可看到他們拿著小竹竿，甩著細長繩子，奔走在溝渠、小池之間，守候那些小魚蝦來吞吃誘餌。

這些釣小魚蝦的人目標不大，收獲也很現實。因爲他們很少一無所獲，空手而歸的。

然而，釣大魚的人總是一無所獲。他的目標很茫遠，普通的人很難想像他是否眞的會釣魚。他總是一無所獲，久而久之，人們便只當他是個無所事事的人。

任國的公子就是這樣一位釣魚人。他有一口巨型釣鉤和一根粗壯的黑繩子。這巨型釣鉤，五十條犍牛的內才夠做它的釣餌；那粗壯的黑繩子，只有人坐在海邊的會稽山上，凌空挑起釣竿，粗壯的黑繩才顯得綿軟，才能把巨大的釣鉤拋入東海。任國公子就這樣對著波濤浩淼的東海垂釣著。整整十年過去了，他連一片魚鱗都沒見著。

終於有一天，一條大魚呑下了釣餌。那條大魚銜著巨大的釣鉤，在海裡東奔西突，時而沈入海底，時而衝出海面；它時而豎起桅杆一般的魚鬚怒吼，時而聳起寨柵一般脊鰭搖蕩海面。海水白浪翻滾如同雪山高聳，海水呼嘯，聲響猶如鬼哭狼嚎，千里之外的人們聽到都膽戰心驚。

但任國公子從容地將這條大魚弄上了岸，部開來製成乾魚片，從浙水以東到蒼梧山以北，男女老少，沒有不飽食這魚肉的。那些才疏學淺的人們一面吃魚，還一面議論任國公子爲什麼能釣這樣的大魚，深爲詫異。他們忘記了任國公子十年間一無所獲，人們誰也沒有注意他。他們忘記了任國公子釣這魚壓根不是爲自己的。

姜太公釣魚也是這樣，他用一隻直魚鈎在渭水河邊垂釣，他從來都是一無所獲的，但他幫助文王、武王建立了周朝。

生活中就是這樣。有一點本事有幾許小心計的人，終日上竄下跳，爲自己謀取好處。他們總是以成功者自居，處處自鳴得意。他們口袋裡總是滿的，家裡也弄得富裕；然而他們從來不知道什麼是堂堂正正的人，因爲他們依附人慣了。倒是有眞才實學、道德高尚的人，他們總是很平靜，既不表現，也不埋怨，成亦如此，敗亦如此。因此，他與人交往，人們自然而然受其感化，他隻身獨處，但心裡總關心著他人。

■僥倖

如果是僥倖成功，就該見好就收。

如果得了惡人的好處，就該捫心自問。因爲常人相處，只是相安無事，交情也就能地久天長。惡人終究是愛作惡的，給人好處，必有惡的目的。

有人去見宋襄王，得到了十輛車子的賞賜，這個人便向莊子誇耀。

莊子就用以上道理告誡他，還說出一個故事。有個人住在河邊，家境貧寒，他靠編製蘆葦製品養家糊口。某日，他的兒子潛入河中最深的水底，得到一顆價值千金的珍珠。

這個人見了兒子送上的珍珠，沒有高興，而是叫兒子，趕緊找塊石頭砸碎它。他對兒子說：珍珠雖然很值錢，但一定產生在極深的潭底，在黑龍的下巴下面。你能取得這顆珍珠，一定是碰上黑龍在睡大覺。假使黑龍那時醒了，你還有命嗎？

莊子告訴這個人說：「如今宋國的形勢凶險無比，還不止像深淵；宋襄王的凶殘狠毒，遠遠超過黑龍逞威。你能夠得到十輛車子，一定是碰到襄王在睡夢中。假如他突然醒悟過來，你只怕想當他的階下囚也不可得了！」

知道不可僥倖，便知道取捨，便知道和平的生活，自由的人身可貴。

有位諸侯用厚禮招聘莊子做官，莊子一笑，回覆這位諸侯的使者說：「你見過作爲祭品的牛嗎？祭祀時，它滿身紋彩，還披著彩綢，吃的嫩草和黃豆，受寵極了。等到它被牽進大廟宰殺的時候，即使這時它想作一條山野無人照料的野牛，也已經不可能了！」

所以，賢能的人一定要認眞選擇可以服務的對象，才接受職位；美好的飛鳥一定要尋找適合自己棲身的樹林，才築巢作窩。

僥倖求利，小則終身遺憾，大則當時就喪失性命。

■各有各的味道

梨子、蘋果、柑桔、山楂……味道各不相同，甚至還是相反的。然而，它們都適合人們的胃口。

做事的方法是不是也像梨子、蘋果、柑桔一樣呢？

春日吃桃李，夏天吃西瓜，秋天有棗子，冬天有荸薺。季節變化，物產更換，此一時彼一時。

處事的方法，也須因時間、地點與對象不同而不斷變換。然而，人們做事會把各種因素考慮得面面俱到，但常常忘掉了一個最主要的因素——人自己。

這就是人們處理事情，知道在水裡行走，沒有比駕船更方便；在地上行走，沒有坐車騎馬迅速；還想更快，那就像鳥兒插上翅膀，像眼睛一望便到，像心一樣，一想便從天南到了地北。做事變化如此靈活，對症下藥；而有些人就是對人不知道變化相處的方法。到了戰國時代，還期望把古代與西周的一套制度，拿到天下諸侯國來推行，好像別人都是永遠長不大的孩子。

到了現代，許多粗俗無知的人，他知道錢的妙用，他知道會怎樣去追逐高厚的官祿，他知道一切於他有利的東西。但他就不知現代的人。現代人，人人平等；現代人要商量做事；現代人，尊重自己，也要尊重他人。

因爲這種人不知道人，所以他也不知道變通。現代了，他仍然像封建領主一樣專橫，和人談判，卻像騙子一樣信口雌黃。他憑藉上面的靠山過日子，上面的靠山一天天土崩瓦解，他不知道，他仍然做著過去的迷夢。

這就像在水上該坐船，他卻要坐車、騎馬，在地上該坐車、騎馬，他要把船推上岸。他要違背時令去收獲。

他不知適合於人的，不一定適合今天的人；適合今天的人，不一定適合他自己，或者他的對象。人，各有各的味道。不對味道，弄錯方法，能不失敗嗎？或者，不失敗只是暫時的，而失敗注定是這種人的命運。智者不能不清醒地看到這一點。

2. 人之性情

明白人生是怎麼一回事的人，不追求於生命無所作用的東西。了解命運人生的關係，不追求自己無法得到的事物。

保養身體，必須以物質為首要條件；可是有的人，有的是財富，卻保養不好身體。（那是欲望太多。）

要使生命之樹常青，就是不讓身心衰朽；可是有的人身體未死，生命已完結。（那是靈魂墮落，或心靈枯萎。）

（可是，生命是自然的，）生，不可抗拒；死，也不可挽留！（一切歌頌祝願，無非自欺欺人。）

——莊子《達生》語譯

■美德

不讓後代人放縱奢侈地去生活，防止世上人揮霍浪費財物，不使人與人之間有明顯差別的等級制度出現——使人人品行端正，使人人地位平等。

用嚴正的行爲規範要求與激勵自己，爲的是時刻準備應付社會不時之急需，使自己成爲智者、勇者與強者。

有錢財，讓天下人都得到，有愛心，讓天下人都受益。人不要互相仇視，不要刀兵相見。既不排斥他人，也不隨意模仿。

這是一個叫墨翟的一派人的生活主張，也是古人傳下來的美德。

■人情

人不必壓抑自己。

心裡有話憋著，要找人傾訴，就像倒豆子一樣倒個乾淨。誰都會有這樣的時候，誰都會有這樣的要求。但必須找到可以訴說的人，如果不能訴說，那人生不是連呻吟與嘆息的權利都沒有嗎？如果這樣，有人在背後指指戳戳，那讓人去說罷！

如果心裡高興，需要用歌唱，需要用手舞足蹈來傾洩情感，那就放聲歌唱，縱情舞蹈罷。會有人非議的，但這裡是不近人情的。非議的人自己在心裡，也會暗暗問自己這是爲什麼。

如果心裡悲傷，需要用哭泣來表達，那就讓滔滔的淚水洗去心靈上的傷疤吧。男兒有淚不輕彈，只因未到傷心時；女兒情多淚水多，天造地設本如此。非難傷心流淚是感情麻木，或者說是理智扼殺了人性。

有的人主張不要音樂，節制悲哀，草草安葬。心是好的，忘了人情。鋪張浪費，帝王葬禮，固然是揮霍民脂民膏。然而人死了，一生勤苦，臨葬時，以葬致哀，發乎情，止乎禮儀，本是情理之常，可也！

總之，世上的事情，都是人的事情。

人情太濫，事必敗亡。

不近人情之事，亦不可推行。

■養神

身體太勞累，就會疲憊不堪。

精力不停使用，補充不及時，人就要垮下來。

水的本性是，沒有渣滓就會清亮，不攪動就會平靜；但水必須是流動的，阻塞不流動，渣滓不能淘汰，水也不能清亮。

——這就是水的自然德性的表現。

對人來說，知識淵博，但絕不貪婪，懂得很多，於己只要養身而已；心地單純，排除雜念，思想虛靜，不因物喜，不以物悲，順應自然規律。

——這就是養神之道。

最名貴的寶劍，總是被劍匣好好地保護著，不輕易使用。

最美好的德行，總是能完善地保護著個人，混同天地自然，和諧世事人心。

所以，純樸之道，只在守神，守而不失，身心一致。身心一致了，精神愉悅，方合乎自然之理。如此，於事則成功，於身則健旺。

俗話說，常人看重私利，廉士看重名聲，賢人看重志節，聖人注重精神。

所以，樸素，就不可能混雜；純粹，就不能虧損。能知樸素、純粹道理的人，就是一個完全的人。

■態 度

刻意磨鍊意志，認眞地培養道德；和衆人的做法不同，自命不凡；整日高談闊論，怨天尤人。這是並不眞心隱居，但又在隱居的人的表現。

喜歡談論仁義忠信，講求待人恭儉謙讓，爲的是修身養性。這是建立學說，施行教誨，立一家之言，建功業於社會的一部分人之所作所爲。

樹立名聲，誇大功勛，讓上下關係秩序井然，使人與人之間等差分明。這是爲官作宦的人所喜歡的。

藏身於山林水澤，出沒在田園曠野；忙時勞作，閒時遊樂；不關心世事紛爭，注意鄰居的生老病故。這是悠閒安逸之人所表現的。

面山向水，眼裡乾坤，心中無地；呼吸吹噓，吐故維新；白鶴晾翅，老熊攀樹，生命有吐納中增添歲月。這是導氣引體，以求益壽延年之士所追求的。

然而，眞正美全的人，自在的人必須忘掉一切。因爲束縛越少，成就就越大。不刻意磨鍊能使道德高尚，不說仁義但能修身養性，不求功名也能使事業成功，不隱居江湖也安閒自在，不用呼吸吐納也能延年益壽。思想、智慧、技巧都暗合自然，世間種種美好的東西都歸於這樣的人。

■經驗

我們要做事，我們要參考前人的經驗。

我們要創業，我們要引用前人的經典。

然而經典、經驗既是前人的，那就不是我們今天的模式。參考是一種明智，藉得前人心血，澆我事業園林，不亦樂乎；照搬照套，甚至奉爲神聖，那就是愚昧，就是作繭自縛，不亦樂乎！

我們的路，用我們自己的腳去走。

■本性

鳥兒互相注視，眼珠子一動不動，這便是雌雄相互引誘，生命的孕育便即開始。

蟲子雄的在上面叫，雌的在下面應，生命交融，新生命也即開始自己的旅程。

造物主註定把世界分兩半，雄的一半，雌的一半。造物主又奇妙地將兩半世界合成一起，雌雄的吸引結合，永遠使世界成爲一個連續不斷的整體。

這就是本性。

本性不可改變，道理、規律只能表現本性。

天地有常規，日月有光明，星辰有序列，禽獸喜群居，樹木向上長，這都是本性。

按照事物的本來要求去做，事情就成功；按照人們的本性去安排，事業就昌盛。

聖人的功勞是發現了綱常，制訂了法度；但聖人的過錯也是發現綱常，制訂法度。

好端端的原木不被損壞，精緻的木雕酒具從哪裡來？晶瑩的璞玉不被破壞，美妙的玉器從哪裡來？

按生來的樣子眞誠地待人接物，哪裡用得著許多華而不實的禮節修飾？沒有華而不實的禮節儀式，虛情假意就不會產生。

然而，產生的法定是產生了。人走出天然之門容易，回到天然之庭難上加難！

但能不反省嗎？
能不回歸自然嗎？

3.八 戒

喜愛富有的人，不會把金錢送給別人。

羡慕顯達的人，不能把名譽讓給別人。

醉心於權勢的人，別指望他輕易將印信給予他人。

這種人，印信在握的時候，他害怕失去；一旦失去他便非常悲傷。他從來不思前想後，老是一雙眼盯著自己不能善罷休的權勢。這種人，人不打敗他，天必打敗他。

正，就是正好，知足常樂亦常安。

那種心裡總以為不是這樣，總沒有滿足，就是貪。貪，天道必不容。

——莊子《天運》語譯

■人生

人們常說：公說公有理，婆說婆有理。

一件麻煩事出現，大家都說自己有理。

其實，做學問的人，做一番事業的人，誰不說自己是在追求眞理？

眞理在哪兒呢？

無處不在。

成功與正確的方法在那兒呢？

內有人的天生的聰明，外有順其自然發展。天生聰明的人，成功率必高於常人；順其自然的人，必少勉強而爲的挫折。

這裡有五種人——

不偏離自然規律的根本，這就是能得到自然寵愛的自然的人。

不忽視自然規律最微妙的暗示，及時修正自己，這是智慧的人。

能主動準確把握事物發展的內在方向，促成事業成功，這是完美的人。

效法自然，可爲者則努力，不可爲者則決不貪功生事；遵守人生道德，預測事物興衰敗亡過程。這樣的人是聖明的人。

用人道主義精神關心他人，用道義的是非標準來分析事物道理，用道德規範約束他人與自己的行動，用音樂與詩歌來陶冶自己的性情，對人總是和藹可親。這樣的人就是君子。

人人平等，但又畢竟人各不同。

因此，根據能力品行，依照法律制度，給各人分派職守，再依名號定下標準，以後再比較、考核、定出等差，社會便這樣形成秩序。一個小單位，小的經濟實體亦如此。

把安定各行各業、各部門、各工種的每一個人作爲經常性任務，把衣食住行作爲中心問題。

關注兒童得到撫養，老病得到照料，使成人婚配，使工作之後能得到休息；使勞動者必有應得的收獲，使收獲必有所儲蓄。這是民生的根本道理。

高談闊論，學富五車，都必須落到這上面來，人首先是自然的。

知此者，成。

不知此者，敗！

■文明化育

中國古化文明的作用，眞是法力無邊啊！

人們可以小看讀死書的人，但不可小看中國古代文明。它道理嚴密完備，既刻又實用。這就是一個「道」字。道不是懂得，而是得到。懂道的人只知皮毛，得道的人才把握到了精髓。

得道的人，或者說是到中國古代文明精髓的人，他們的行爲，他們的思想，他們的情感，一律取法大自然生生滅滅、滅滅生生的規律，暗含自然變化之中可悟不可說的道理。他們平日總像沒什麼事兒一樣，但他們駕馭著事態發展；他們無所動情，所以也絕不偏私。因此，他有所言，則必天下受益；有所行，則必功利天下。

得道的人既明白大道理，大法度，又深入細緻地了解細枝末節曲折變化。所以，他們精通學問，但並不只會空話，沒有做實事的能力。他們外表樸實、肯做，像個只會做粗活的僕人，實際他們心裡明亮得像一盞燈。

所以，一個眞正能幹的人，一定應該是一個既懂大道理，心中有學問，同時又必須是一個能做實事、小事，了解人情世態的人。或者說得更表面一些，這種人表面是一個忙於勞作的粗人，內心裡又是一個學問家。也因此，為了使人們能迅速成為一個能幹的人，得道的人，還必須讀許多書。書，指出人生的根本是什麼，也指出了人生之末是什麼。

具體說，是哪些書呢？

讀《詩經》，以及許多古今詩篇，詩是用來抒發人們心志情感，因此可以知道人。

讀《尚書》，談古今歷史，它們敘述了歷史，使人們了解世道變化，也因此變幼稚為明智。

讀《禮》，讀法律條文，使行為遵守既定的規範，使道德品行完美起來。

讀《樂》，與其他文藝作品，以及聽音樂，使情操高尚，舉止高雅。

讀《易經》和一些哲理性的書，使人了解天地陰陽變化。不可簡單的相信什麼，也不可盲目的否定什麼。

書上寫的，一切都是過去的東西，不可全信，也不可不信；所以，一切方法、結論都必須和個人現實經驗結合起來。也就將死書變成活書。如果這樣，人們做人做事，便無往而不勝，無處而不強大。那就是明白人了。

■和為貴，合則全

世上的事物有它自然的正常樣子。

一個女人過日子，必然孤淒；一個男子人度時光，必然寂寞。魚兒必定成群游蕩，大雁飛行必定成隊成行。

自然的法則就是這樣，和爲貴，合則全。何況人與人之間呢？聖賢的思想就是依據這些原則形成的，人與人的合作也是因爲這些原則，建立起的互相依存的關係。

然而，人們常常走向它的反面。

關係鬧翻，翻臉不和時，合作的關係便破壞了，彼此都把對方視爲仇敵，並說對方一無是處，一文不值。

天下紛爭大亂，和爲貴的想法丟了，合則全的做法成了累贅。強者稱雄，各拉一班人馬，各立一種旗號，道德標準不統一，是非曲直各執一端，各家學派也都以一孔之見沾沾自喜，並抨擊對方。一孔之見如果可取，結合起來便是衆人乾坤大。

比方說，耳能聽，眼能看，嘴能吃，鼻子能聞，皮膚能感覺，手能靈巧的做事，可以致千里，都有獨具的功能，不能彼此廢棄，也不可相互代替，就像萬家衆技，各有長處，因而，各有各的用途。雖然如此，但都只是一技之長，不能全面。

人與人鬧翻，否定他人，就會使自己孤掌拍不響，獨木不成林。必須盡快另找合作者。強者稱雄，天下紛爭，社會的和諧平衡打破了，強者自己或者就是在削弱自己，可能鷸蚌相爭，漁翁得利。

所以，了解和爲貴、合則全的人，爭而不離，爭而和合，因而強者更強；吵而更親，心心相交，不打不相識，事業更繁榮。

不爭不吵，不鬥不鳴，本來不可。嘴唇與牙齒也有互相冒犯的時候。爭而和，爭而合，事業便發達，人口便興旺，事情本來如此。

■八　戒

無爲不是無所作爲，只是說智者能以不變應萬變，不浮躁，不衝動，冷靜駕馭事情的變化發展。

什麼事情過分了不好，達不到正當要求也不好。重要的是要正好。

什麼是正好？

想得到一個什麼東西，得到了就是正好。得到了一個根本不是自己想要的東西，這是懦弱；得到了，當時認爲滿足了，轉過背來又渴求更多更好，這就是貪心。二者都是一種作人的失敗。

要防止人的懦弱與貪心，重要的是八戒——

恩：受人恩惠，得到命運的好報，雖然是自己努力得來的，應當知道感激。感激自己，感激命運，感激他人，不可痲木不仁。

怨：得意了，辦事順利，應當見好就收，不要欺凌弱者，不要掠奪他人，以產生怨恨。

獲取：獲取應當是自己本份的，不屬於自己的不要，見利忘義的東西更不可沾，須知善惡到頭終有報。

給與：使勞者有所收獲，使有恩於民衆的獎賞；富有同情心，但不要隨便施捨，有的人就是靠欺騙過日子的。

勸說：金無足赤，人無完人；說話很難無懈可擊，做事很難盡善盡美，聽聽別人意見，總有好處，這叫集思廣益。

敎誨：好爲人師，不是優點，而是人的大缺點；但爲了完善自己，把事情辦好，要隨時準備聽取別人的教誨，不管他是賢能的人，還是一般人。

生：得饒人處且饒人，看人看好處，君子成人之美，讓別人得到更多的生機，自己也會生路寬廣。

殺：惡有惡報，有其自然結果。不要隨便說人壞話，不要違背良知與事實置人於死地，否則自己也要遭到報應的。

如從這八個方面都能好好地警戒自己，做人做事都像要求的那個樣子：恰如其分。

4. 得 志

所謂得志，不是說頭戴烏紗，出門車馬，只是說讓自己的身心得到無以復加的快樂。

有的人說的得志，說的恰好是高官厚祿，但他們不知高官厚祿在身，又恰好是人生的累贅。它不過只是身外之物，生活給人的暫時寄託。

所以，不要因為有了高官厚祿而洋洋得意，也不可因為自己窮困苦寒，而隨波逐流，庸庸碌碌。

現在的人們，失去官祿這身外之物便不快樂，這種看來，這種人的快樂正是真性的喪失。所以說，喪身於外物，失性於世俗，這種人是本末倒置的人。

——莊子《繕性》語譯

■南轅北轍

驅車到南方去辦事，馬拉著車向北方飛馳。路走得很快，地上留下悠長的車轍，趕車人很得意。

有人向趕車人指出：「錯了，伙計！你到南方去，車轍怎麼向北方延伸呢？你將永遠到達不了你要去的地方！」

趕車人仍然很自信，回答道：「不要緊，我的馬力好，跑得快！」

心是好的，作法不對頭，如果不及時修正自己的做法，既使他累得頭昏眼花，離目的不是越來越遠嗎？

■油有盡，火常存

大學問家老子死了，一個叫秦佚的人去吊唁他，只哭三聲，便沒事一樣出來了。

老子的學生很不高興，便問：「您不是我們老師的好友嗎？」

「是啊。」秦佚回答。

老子的學生就批評秦佚太無情，秦佚看到老子的學生很認眞，便解釋說：「我剛才哭，是認爲老先生和我都是世俗的人。現在想來，我們都是超脫了世俗的人。老先生不是死了，而是到另一個世界去了。所以，我只哭了三聲。我剛才進去看見，老年人哭老先生，就像哭自己的兒子一樣；年輕人哭老先生則像哭自己的母親一樣。這樣一來，有些只來看看的人，本來不是吊唁，也會過意不去擠幾滴眼淚，這就違背眞情。你老師出生，是順應自然；你老師去世，也是順其自然。哀樂對人本來就是多餘的事。衆人哀傷，老先生卻已超脫。」

燈油燒盡了，火種與光明流傳下來了，生命無窮無盡，火與光明也變得永恆，爲什麼要沒完沒了的流淚呢？

■自在就是快樂

形體上有殘疾的人，開始總爲自己不健全的形體而痛苦。如果獲得正常的生活，這痛苦就會漸漸淡忘。如果他還有了明徹的思想，看透世界與人生，他就會把別人向他投來的異樣眼光不放在心上。

不讓自己背上不應有的精神包袱，同時精神健全，雖然身體殘缺，但他有完全的生命力。

不苟求，便獲得自我成全。

生活也有一種道理。

荒野的仙鶴，要走好幾步，才能找到一口食物，有時要飛很遠，才能找到水喝。並且，天寒地凍，還要長途跋涉，躲開獵人的箭矢，飛向遙遠溫暖的南方。可是它並不想關在鳥籠子裡。因爲那樣，雖然安全，有糧食供應，冬天還可以住在溫暖的庭院裡，但天地便變得窄小，自由自在的飛翔，悠哉游哉的散步，便得不到了，快樂也沒有了。

得志者，有所得，必有所失，當取其最需要者！

■等待

想創一番事業，或者想辦成一件事，如果時機不到，就要等待。

人們天天都在做事，那不過只是爲了衣食。對於事業，常常是做的時候少，等待的時候多，須知明白事理，等待也是一種做事的方式。

古時人們常說，時機不成熟就隱沒自己，但隱沒不是把自己藏起來，根本不出現，封住自己的口，把思想與言論爛在肚子裡，也不是把自己的智慧隱藏起來不發揮，而是說，時候不好，暫時退一步。這是保全自身的辦法。

遇上了時運好，能使自己的主張得到行使，便天下安定，使人民幸福，使道德純厚，使人心公正。這些做了，他便眞的隱沒了，再不露形跡。

從事一種技藝，經營商務也是這樣，合於時宜，可以出馬者就打鼓開張。讓自己的技藝顯示衆人面前，小則求得衣食，解決生計，大則結交朋友，顯揚名聲。經商者，將本求利，適時開市，貨盡於民衆，利益自己，兩得方便，小則發財致富，家業興旺；大則取信於人，信譽遠揚。得手了不必張揚，吹噓自己，炫耀自己能幹。這樣勢必危險。不利時，坐以待時，了解這層道理，心平氣和，以退為進，這是無所爲而已有所爲了。

■進中有退

街上有個小販叫賣玩具，小孩子便蜂擁而上圍著販子的玩具擔子，把玩著漂亮的小喇叭，精緻的小鈴噹，愛不釋手。

小販看在眼裡，心中得意，就把木喇叭、小鈴噹的價格從原價一個錢漲到兩個錢。

當父親的從屋裡追著孩子，跑了出來，最小的孩子便扯著父親的衣角，不停地叫著要買，其他的小孩也眼巴巴地望著當老子的。

老子拗不過兒子，便向小販討價：「一個半錢賣嗎？」

「不！兩個半錢不還價！」小販又漲價了。

「兩個給三錢怎麼樣？」父親又變個花樣還價。最小的孩子也哭起來了。

「不還價，不還價！」小販挑起擔子準備走路。

最小的孩子已是又哭又鬧了，過路的老太婆說：「剛才在那邊，他才賣一個錢一個哩！」

回到家裡，父親便告訴孩子們：「都怪你們自己！越是覺得好，越想要，你們就說它不好，裝作望都不望一眼的樣子！」

孩子們似乎一下子明白了——孩子們變聰明了，孩子們也變狡滑了。

人們的許多行爲，常是這樣！

利益損害了純樸的心靈，虛僞掩蓋了眞情。更不要說還要增加浮華粉飾的詞藻，結果是虛繁的文詞淹沒樸素的資質，龐雜的知識扭曲了正常是非。人離自己的天然本性也越來越遠。

■聰明的看法

成功的行動，來自正確的判斷與聰明的看法。看法正確、全面，便不受迷惑。如此說來，一個人有思想、有見解就是做一個成功者的前提。

應該了解，蛋是未來的雞，從發展的觀點看，必然如此。

火炭會暖和他人，但自己並不感到灼熱；所以，人常常不了解自己，自己被自己迷惑，叫作自屎不臭。

群山環繞，一聲呼嘯便山回谷應，群山都像引吭長嘯；人在不利時，也會絕望恐懼，略有風聲鶴唳，便會疑忌草木皆兵。所以，危難見英雄；應當撼山易，撼我心難。

眼睛憑藉光明方向看清事物，人依據思想與現實獲得認識；時空是無盡的，事物是無窮的，認識也會永無止境。不可固步自封，妄自尊大；也不可妄自菲薄，一籌莫展。不斷運動，生命才會健旺，不斷更新，思想才有價值。

龜蛇的長短從相對的角度看，龜會比蛇更長。一個手指可以勾起一條蛇，卻無論如何不能勾起一隻龜。所以，個人智慧不可能絕對地比人優越。

圓規不能畫出絕對的圓形，曲尺不能畫出絕對的方形，任何榫頭和榫眼總不能絕對吻合。所以，結合總要給予一定的靈活自適的餘地。

飛鳥的影子落在地上隨生隨滅，影子對飛鳥是一動未動。

箭矢飛射的行程中，每一瞬間即是停留在一點上，又是不斷前進的。空間可隔斷，時間不可分。

一尺長的木棒，每天截去它的一半，永遠都會剩下一半。

色彩的象徵意義也不是絕對的。

白色，象徵純潔，也象徵絕望。

黑色，象徵雍容高貴，也象徵肅穆死亡。

藍色，象徵和諧輕鬆，也象徵幼稚乏味。

紅色，象徵熱烈活躍，也象徵凶險恐怖。

象徵只是一種抽象，確實的意義在於在特定環境中人的感覺。因此，不存在絕對的良辰美景，也沒有自欺欺人的吉祥徵兆，一切只在於人腳踏實地的去創造，去追求。

知道這些，你就是明智的人。

5.胸懷與境界

以無私的態度去做，這是天的行為。
以無偏見的語言去說，這就是公德。
生來有愛惜他人的品性，行為有體察萬物的感情，這就是仁。
求同存異，這就是大度。
不出鋒頭，不刻意冒尖，這就是寬厚。
萬衆的特點皆集我身，這就是富有。
保持天然德性，這就是規範。
保持自然德性有所成，這就是功業。循實順理去做，這就是完備。
勝不驕，敗不餒，這就是完美。
人們明白這十個方面，其心懷便無所不包了。

——莊子《天地》語譯

■情　景

面對高山大河，便覺天地空闊，人的心胸會豁然開朗。

站在大海邊，烟濤浩淼，一望無涯，人立即會感到個人渺小。

對一泓清泉，而至於高山流水，清溪潺緩，人會爲私心而慚愧。

春天裡，欣欣向榮，到了秋天就要衰落蕭條了；何況還在夜深人靜，不測風雨。唯有青者常青，勁者堅挺。人會感覺到世事無常，所謂人無千日好，花無百日紅，唯有一種德性不衰。

如此，人對自然的氣象萬千，博大寬宏，能不認眞反省、洗心革面嗎？

許多人總要表現自己，總是想把最動聽最美好的評價拉到自己的頭上，以爲自己是世上頭號好人，其實這種想法本身就帶來了一種壞風氣。人人都要表現自己，爲了表現，不值得表現的也要向人提出來，於是虛僞也就產生了。

其實，正常做法是，所謂仁義忠信都只是在不知不覺、自然而然之中。行爲端正不要標榜這是義；彼此相親相愛可不要自認爲這是自己在施行仁，待人本來就要誠實。如果自以爲自己在盡忠就不好了；事情做得恰到好處，別以爲這是守信用；

互相幫助，人本應如此，可不要認爲是施恩於人。

如果做到這樣，人的天然常態便恢復了。事情做了，一切完成了，過去了，不必留下什麼痕跡，無須傳揚開去。於是，人與人之間沒有爭鬥，人的品格也會純樸敦厚。

■糊塗

知道自己愚蠢，就不是最愚蠢的；知道自己糊塗的，就不是最糊塗的。最糊塗的人，一輩子都不會覺醒；最愚蠢的人，一輩子都冥頑不化。他們的表現就是自以爲是，自作聰明。

三個人同行，有一個人糊塗，目的地可以達到，糊塗的人是少數。假如有兩個糊塗蟲，則很難到達目的地，因爲糊塗思想占了上風。假如盲人騎瞎馬，夜半臨深池，那就只有災禍發生了。

所以，做事情找上好的搭擋非常重要。

人以類聚，物以群分。陽春白雪，能應和的人天下沒幾個；下里巴人，會引來傾城合唱。所以應當明白、高妙的言論不可能在教養不深的人們中找到知音；最深刻透徹的言論不會有出頭的機會，因爲世俗的言論占了上風。所以在這兩個方面都超凡脫俗，實際又匯集了人們的糊塗，因爲他永遠達不到目的，不被人們了解。

明知不可爲，又要勉強祈求，這又是一種糊塗。母親長得醜，半夜裡生下孩子，生怕像自己，立即掌燈觀看，這又是糊塗——自尋煩惱，何苦？不如任其自然！

北地有個老人丟了唯一可愛的馬，別人很爲他的不幸同情他，可是他依舊沒事兒一般，樂哈哈的。別人不理解，他便說：「丟了馬是壞事，但又怎麼知道壞事不能變成好事呢？」

過了幾天，老的馬回來了，還帶回了兩匹小馬駒。

有兩個逃難的人，臨出門時，一個將家裡的黃金珠寶，盡數裝進袋子，背了袋子就走。他算是把家裡最值錢的東西帶走了。另一個人丟下萬貫家財，只背了袋米出門。他帶了他生命最重要的，並不怎麼值錢的東西。山高水長，兵荒馬亂，帶金寶的人，金寶漸漸換不到飯吃，最終餓死路旁。而另一個依靠那一袋子米，餓了吃一把，渴了喝點水，終於走到避難的目的地。

■負擔

人本來的樣子，應該是不用花言巧話掩飾自己，不使小聰明侵占他人利益，當然也不會因此使人受到損害，也不會使自己有一天弄巧成拙，陷入困境。憑自己的體力與才智去勞動，換得生活，這便是正常的。

在這之上，人們或許應明白：

做人做事，最根本最應該的作法是用不著做那些做給人看的細小的德行，毫無意義的規矩；最美好最自然的品德，本來用不著膚淺的知識來裝飾。

膚淺的知識只會傷害眞實與自然；無謂的規矩只會破壞事情本來的樣子。所以，對於人，做得對，做得好，那就只是讓行爲端正，天性自露就夠了。

說仁者愛人，本來對父母要孝敬，對兄弟要親愛，對他人要尊重，這是人應當做到的。做到了很正常，沒做到就不應該。但爲了不應該的人，社會提出了「忠孝仁義忠信貞廉」，那些不應該的人又混水摸魚，人的德行更混亂，好人的負擔就更重。

回到根本上來說，赤子最寶貴，但皇帝的位置對她說不上高貴，全國的財富對她說不上富有，一切顯赫聲譽不能代替她的成長。這就是人最應該的，活得一身輕的樣子。

有人會說：人們永遠是長不大的赤子嗎？

回答：爲了身外之物，使心性複雜，使人生背上各種名利的負擔，人不是太可悲了嗎！

所以，人們會爲名利、地位日夜忙忙碌碌，但絕不會有人否定赤子之心！那是不可能的。

胸懷

天能覆蓋萬物，卻不能承受萬物；地能承載萬物，卻不能覆蓋萬物。有所長必有所短，有所能必有所不能。

有所選擇，就必然有所淘汰與失之偏廢的地方；有所教導，就一定有教育不到的地方，只有自然的化育才沒有遺漏。所以，人從自然的懷抱走出來，獲得生命與智慧，當他明白了自己與自然後，他又努力回到自然，掌握自然。

不用心機計巧，便不必左顧右盼、前後顧慮了。不捲入是非，就沒有閒事的牽掛拖累。

推一下走一步，拖一把退一腳；風一樣吹來吹去，落羽一樣無意旋轉，石磨子一樣隨力轉動，如此，無功亦無過，所以可自保。

這是什麼道理呢？

如同草木石頭一樣，沈默不言，也就沒表現自己的後患；不去勾心鬥角，行動與休息都不背離自然規律，沒人表揚，也就沒有攻擊的惡語飛來。

有形的事物總是不完善的，所以藝術總是遺憾的；無形的道理是不可窮盡的，所以，對於人，有一個外宇宙，還有一個內宇宙。

世界是運動的，以靜宓表現它的存在；生命也在於運動，但要體味世界萬物與人生的眞諦，也須虛靜心靈，方能與世界萬物的奧秘接通信息。

在個人行爲上，不居功自傲，不自以爲是，萬事萬物的眞性、道理就會自然顯露出來。動時如流水，順高向低，靜時像明鏡，高懸自然；反應時，如回響對聲音。不銳意貪求，就不會損害他人，也就不會損害自己；從不想爭強逞勝，就能和群衆打成一片。這就是大智若愚。

堅硬的東西容易被打碎，銳利的東西容易受挫折。因此，雄強固然人人渴望做到，但柔弱卻是一個安全的位置；光彩照人是人人羨慕的，但寂靜幽深的谷地卻有價值更大的充實。

人人都講現實，講實際，因而目光短淺；自己獨能追求空虛，無所得，也無所束縛，則眼界可以高遠。

對待財物夠過日子就行了，無心積蓄就會常常有餘，感到富足、立身處事，從容和緩，便不會身心勞損；沒有貪心，便不賣弄心機，害人害己。

這一切都表現爲寬容，這就是人的最高境界了。

後記

關於《莊子》，這不是直譯，也不求思辨，如此學問多矣，而讀者於學問的耐心終究有限。

中國文化講神會，莊子哲學重領悟。平常人勞祿奔波，大概更願從經驗感覺中直接去神交先哲。這便是一種啓示。我們都生存著，也都受到生存條件的困擾，生活有麻煩事，自己也常想不開。原來我們的智慧不夠。於是，我嘗試用散文詩的語言，直接點染莊子哲學思想的奧義，關係人們的生存現實，並在「處世」這個題目下，讓它直接指點我們的人生。

這樣做，貽笑於大方之家是意料之中的事，而有益於讀者諸君是初衷。

這種有益之處，似乎不言自明。莊子的學說，連同他師承的老子的思想，在中國歷史上從未成爲顯學。然而，在中國歷史上凡一代盛世之形成，無不與老莊思想有關。漢代的「文景之治」，唐代的「貞觀之治」，其基本管理思想與方法都是師法老莊思想的。

至於個人，先秦以來中國歷代志士仁人，無爲而治、功成身退，不求名不圖利，莫不奉老莊的教誨爲座右銘。至於凡俗之人，士農工商，勝不驕，敗不餒，以逸待勞，以靜制動，亦無不受莊子的影響。

而莊子本身，也有深刻的啓示意義。他一生不求名利，楚威王派使者，帶著重金請他做楚國的宰相，都被他謝絕。他一生似乎沒有什麼業績可言，甚至他的生卒年人們也只能憑推測猜出。

可慰藉的是，歷史是一條大河，淹沒許多存在，消融了無數及時英雄，使爾曹身與名俱滅；而莊子在中華民族的歷史長河中卻形象分明。那就是他的思想言行——他教人怎麼做人，怎麼處世，怎樣對待失敗，怎樣對待成功，怎樣去做自己該做的事……

中國歷史長河中，莊子站立著，他不是一座沈默的小島，也不是一葉出沒的扁舟，他的言行與功業，本身就是不廢江河萬古流。將他的言行中之積極生動的內容介紹於新的時代、新的人群，正是弘揚中華民族優秀文化的一個組成部分。

末了，我該寫下我的感激與謝忱。德清先生，審閱全稿，訂正錯誤，爲本書出版付出了辛勞。劉昌釗主任、楊國屏二先生治學謹嚴，給我留下了深刻的印象。洪源先生是我早就慕名的老師，審稿中他一語道破的向我指出莊子哲學的特點，並一再稱讚我的文筆，我理所當然地應看作師長對我的教益與鼓勵。來日方長，我當努力，這所有我也會記在心中。

作者　漢口黃葉村

莊子的人生哲學—瀟灑人生　　中國人生叢書 9

著　　者／揚帆
出　　版／揚智文化事業股份有限公司
發 行 人／葉忠賢
責任編輯／賴筱彌
執行編輯／陶明潔
地　　址／台北市新生南路三段 88 號 5 樓之 6
電　　話／(02)2366-0309　2366-0313
傳　　真／(02)2366-0310
登 記 證／局版北市業字第 1117 號
印　　刷／偉勵彩色印刷股份有限公司
法律顧問／北辰著作權事務所　蕭雄淋律師
初版三刷／1996 年 3 月
定　　價／新臺幣：250 元

南區總經銷／昱泓圖書有限公司
地　　址／嘉義市通化四街 45 號
電　　話／(05)231-1949　231-1572
傳　　真／(05)231-1002

本書如有缺頁、破損、裝訂錯誤，請寄回更換
ISBN / 957-9272-72-2
E-mail / ufx0309@ms.13.hinet.net

國立中央圖書館出版品預行編目資料

莊子的人生哲學：瀟灑人生／揚帆著. －－初版
－－臺北市：揚智文化，1994〔民83〕
面；公分. －－（中國人生叢書；9）
ISBN 957-9091-72-2（平裝）

1.（周）莊周－學術思想－哲學

121.33　　83005912